Kulinarische Streifzüge durch die Provence

Chaine les
à Tous
PRIX

Marianne Kaltenbach

Kulinarische Streifzüge durch die Provence

Mit 96 Rezepten,
exklusiv fotografiert
für dieses Buch
von
Hans Joachim Döbbelin

SIGLOCH EDITION

Inhalt

Zur Abbildung auf Seite 2: Knoblauch – in der Provence ein Lebenselixier – auf einem Marktstand in Marseille.
Rechts: Malerisch schmiegen sich die Häuschen von Gordes an den steil abfallenden Felshang im Plateau de Vaucluse. Was von weitem wie ein einsames, altes Bergdorf aussieht, entpuppt sich beim Näherkommen als schmuck restaurierter Anziehungspunkt für Kunstinteressierte. Das über dem Dorf thronende Schloß beherbergt eine einmalige Sammlung von Werken des Malers Victor de Vasarély.

Liebe Leser,

die Liebe zur Provence hat mich dazu verführt, dieses Buch zu schreiben. Denn diese unvergleichliche Gegend ist in den letzten Jahren immer mehr zu meiner Wahlheimat geworden. Jede, wenn auch oft nur kurze Reise brachte neue und tiefe Erlebnisse. Die Landschaft, der Charakter der Bewohner, die interessante historische Vergangenheit und nicht zuletzt die Küche und die vielen Traditionen, die damit in Verbindung stehen, faszinierten mich immer wieder aufs neue. Auf den folgenden Seiten können Sie nun lesen, wie ich diesen Garten Eden Frankreichs sehe und erlebt habe.

Als Autorin gastronomischer Bücher habe ich ausführlich über die herrlichen Produkte, die in dieser Landschaft gedeihen, berichtet und da und dort kleine persönliche Erlebnisse eingeflochten, die meine Streifzüge durch die Provence bereicherten. Sie sind auch Erinnerungen an liebenswürdige Menschen, die zu leben verstehen und die eine natürliche Fröhlichkeit besitzen, welche bei uns im Norden immer mehr verlorengeht. Deshalb schwingt meistens etwas Nostalgie nach dieser für mich noch teilweise „heilen Welt“ mit, wohlwissend, daß auch dort wie überall die Probleme unserer Gegenwart bewältigt werden müssen. Aber wenn ich weitab vom Tourismus durch die Heideflächen und die Dörfchen der Haute-Provence schlendere, fühle ich mich von den Sorgen des Alltags befreit, genieße die Ruhe, den Duft der Kräuter, die Einfachheit der Küche und die Liebenswürdigkeit der Dorfbewohner.

Wenn ich mit diesem Buch etwas Farbe in Ihre Küche bringen kann, wird mich dies sehr freuen. Diese *cuisine du soleil,* Sie werden es bald merken, ist anregend und dankbar. Sie bringt nicht nur Gutes auf den Tisch, sondern auch frohe Laune in die Familie und unter Freunde.

Ich wünsche Ihnen viel Spaß bei der Zubereitung und guten Appetit!

Marianne Kaltenbach

Schon immer begehrt

Die Provence hat eine bewegte Geschichte. Bereits um 600 v. Chr. warfen die alten Griechen ihr Auge auf diese zauberhafte Landschaft. Sie wurden zu den ersten Besiedlern und brachten ihre Kultur mit. Die Phokäer, ein griechischer Stamm aus Kleinasien, gründeten Massalia, das spätere Marseille, das in der folgenden Zeit ein wichtiger Seehafen wurde. Doch das Land zwischen Rhône und Alpen war nicht nur bei den Griechen begehrt. Die vordringenden Kelten und Ligurer bedrängten die damaligen Marseiller, die in ihrer Not die Römer zu Hilfe riefen. Unter dem Konsul Marius gründeten sie 122 v. Chr. das römische Kastell Aquae Sextiae, das heutige Aix-en-Provence. Provincia Narbonensis nannten die Römer ihre Neuerwerbung, dieser Landstrich war eben einfach eine weitere Provinz im riesigen römischen Weltreich. Daher leitet sich auch der Name Provence ab.

Kaum zwanzig Jahre nach Gründung der römischen Provinz verspürten die Teutonen den Drang nach der sonnigen Provence, aber der römische Heerführer Marius verteidigte sie erfolgreich mit seinen Mannen gegen die Eindringlinge. So kommt es, daß heute noch der Name Marius in Marseille und der ganzen südlichen Provence hochgehalten wird, dieser Name ist zum Inbegriff des Marseillers geworden. Ebenso nannten viele Dichter und Schriftsteller ihre Helden Marius, und bis heute werden viele Knaben nach diesem geschichtsträchtigen Namen gerufen.

Um 50 v. Chr. eroberte Cäsar Gallien. Sein Adoptivsohn und Erbe, der spätere Kaiser Augustus, verbreitete die römische Kultur in der Provence. Die Provenzalen versuchten aus der römischen Besatzung das Beste zu machen: Sie paßten sich den römischen Gepflogenheiten an, ja, sie übertrafen sie sogar. Die herrlichen Amphitheater von Orange, Arles, Avignon und Nîmes zeugen heute noch von der Anpassungsfähigkeit der Provenzalen. Andere Relikte aus der Römerzeit, wie etwa die Stadt Vaison-la-Romaine oder der Aquädukt Pont du Gard, findet man an vielen Orten.

Bis in die Mitte des 5. Jahrhunderts folgte eine Glanzzeit der Römer, die den Neid nördlicher Völker hervorrief. Vom 5. bis 6. Jahrhundert fielen Vandalen, Burgunder, West- und Ostgoten und Franken in die Provence ein. Im 9. Jahrhundert versuchten sich die Mauren breitzumachen, sie suchten das Land gleich viermal heim.

Unter Karl dem Großen folgten große Veränderungen. Die Provence, Burgund und Lothringen kamen unter die Herrschaft von Lothar, dem Enkel des mächtigen Kaisers. Karl, der Sohn Lothars, wurde nach dessen Tod König der Provence. Aber es sollte auch unter seiner Herrschaft noch keine Ruhe geben. Im Jahre 859 landeten die Normannen in der Camargue. Danach folgte die romantische Zeit der Grafen der Provence. Das Heilige Römische Reich annektierte zwar die Provence, gewährte den Grafen aber weitgehende Unabhängigkeit. Eine interessante Zeit begann. Ludwig der Heilige startete in Aigues-Mortes zu seinen Kreuzzügen. Eine Stadt übrigens, die wundervoll erhalten ist und bei einer Reise durch Südfrankreich unbedingt besichtigt werden sollte.

Zu Beginn des 14. Jahrhunderts ließen sich Päpste und Gegenpäpste in Avignon nieder, und rund hundert Jahre später wurde die berühmte Universität von Aix gegründet. Ab 1434 regierte der gute „Roi René", der Graf René von Anjou. Die Provenzalen verdanken diesem friedlichen, väterlichen und kultivierten Regenten ein wahrhaft goldenes Zeitalter. So wird sein Andenken in der Provence bis zum heutigen Tag hochgehalten. Da und dort begegnet man seinem Namen, sei es ein Hotel, ein Platz oder gar eine regionale kulinarische Spezialität, die nach ihm benannt wurde. Man erzählt von ihm, daß er Olivenöl gar nicht mochte und Walnußöl bevorzugte. Eigentlich

Die Römer haben in der Provence großartige Spuren hinterlassen. Fast unversehrt ragt das gewaltige Theater von Orange aus der Zeit des Kaisers Augustus in unsere Gegenwart hinein. Es gilt als eines der besterhaltenen der antiken Welt. In den Sommermonaten finden hier Festspiele statt, denen die einzigartige Atmosphäre und Akustik den besonderen Glanz verleihen.

eine Schande für einen König der Provence, aber das wurde ihm von seinen Untertanen großzügig verziehen. Als die Provence vom Neffen des lieben René 1481 testamentarisch Ludwig II. vermacht wurde, waren die guten Zeiten zu Ende. Die Provence wurde an das Königreich Frankreich angeschlossen und war von da an nie mehr unabhängig.

Bis heute ist Nostradamus, der seine astrologischen Weissagungen 1555 veröffentlichte, eine mystische Persönlichkeit. Dieser Arzt und Astrologe kam in Saint-Rémy zur Welt, wo die Ruine seines Geburtshauses noch heute besichtigt werden kann. Er studierte in Montpellier Medizin, bereiste ganz Frankreich und Italien und ließ sich danach in Salon nieder. Sein Wohnhaus beherbergt heute ein Museum, das viel Sehenswertes über diesen Menschen birgt. Als Arzt soll er unter anderem ein Pulver gegen die Pest erfunden haben, das mit Erfolg bei den Epidemien in Aix und Lyon angewendet wurde. Aber da ein Prophet im eigenen Land nichts gilt, brachten ihn Neider als Arzt in Mißkredit. Er zog sich zurück und widmete sich fortan nur noch der Astrologie und veröffentlichte seine Prophezeiungen, die „Centuries", deren Drohungen man heute noch mit einem gewissen Unbehagen erwartet. Tatsächlich sind einige seiner Voraussagen bereits eingetroffen, was Forscher bestätigt haben. Unter seinem Namen Michel de Nostradame verfaßte er sogar auch eine Schrift über ein kulinarisches Thema, genannt „Traité des fardemes et confitures". Darin empfahl er unter anderem die Haltbarmachung von frischen Früchten mittels Honig und Spirituosen.

Bis zur Französischen Revolution mußte die Provence noch verschiedene Unruhen und Religionskriege durchstehen. Hunderttausende von Hugenotten flüchteten in protestantische Hochburgen wie etwa Nîmes oder Aigues-Mortes. Die weltliche Macht glaubte noch immer, daß religiöse Minderheiten stets auch politische Unruhestifter seien. In Les Baux und Beaucaire, wo man Hugenotten vermutete, wurden die Mauern gesprengt, in Nîmes ihre Führer auf dem Scheiterhaufen verbrannt. 1787 beendete dann endlich das Toleranzedikt die grausame Verfolgung der Protestanten.

Eines der markanten Ereignisse des 18. Jahrhunderts ist wohl der Marsch eines Freiwilligenbataillons aus Marseille nach Paris zu den Klängen eines Liedes, das später als Marseillaise die französische Nationalhymne wurde.

Oben: Die dreifache Bogenreihe der römischen Wasserleitung Pont du Gard überspannt auf einer Länge von 275 Metern das tief eingeschnittene Tal des Gardon. Auf einer Strecke von 41 Kilometern verläuft die Wasserleitung von Uzès bis nach Nîmes. Agrippa, der Schwiegersohn und Mitregent von Augustus, soll den gewaltigen Aquädukt erbaut haben.
Rechts: Noch heute grüßt Augustus aus der Mauernische im Theater von Orange das Publikum, dort, wo einst bis zu zehntausend seiner Legionäre Platz fanden.

Magnet für Maler und Literaten

Die Schönheit der Provence hat Maler wie Schriftsteller zu allen Zeiten angezogen. Vor allem die Impressionisten des ausgehenden 19. Jahrhunderts suchten und fanden dort eine urwüchsige, unverfälschte Landschaft, damals noch intakte Städte und Dörfer, unverbaute Natur und freundliche, sinnenfrohe Menschen. Das intensive südliche Licht der Provence, die gläserne Klarheit des Meeres, die Naturtöne von verwittertem Fels, karstigen Ackerböden, silbrig glitzernden Olivenhainen boten den Malern eine reichhaltige Motivpalette. Und all das unter einem Himmel, dessen klares Blau sich nie einzutrüben schien.

Die großen Maler des Impressionismus von Cézanne, Renoir bis Gauguin, Matisse und Monet, und nicht zuletzt van Gogh, sie alle suchten das Faszinierende des provenzalischen Lichtes und versuchten, es auf die Leinwand zu bannen. Dies war nicht immer einfach. Paul Cézanne schrieb 1876 aus Aix an seinen Malerfreund Camille Pissarro: „Die Sonne ist hier so fürchterlich, daß mir scheint, als ob alle Gegenstände sich als Silhouetten abhöben." Und Claude Monet jammerte: „Ich quäle mich und kämpfe mit der Sonne."

Vincent van Gogh war es, der das brennend klare Licht, die vibrierende Hitze in adäquater Form zu verbildlichen vermochte. Seine Lichtmalerei ist zwar zunächst unter nördlichem Licht entstanden, aber während der Zeit, die er von 1888 bis 1890 in Arles und Saint-Rémy verbrachte, erlebte seine Kunst einen wahren Höhenflug. In eine fast durchsichtige, lichtdurchflutete Landschaft malte van Gogh flimmernde, vibrierende Gegenstände hinein, das wird ganz besonders deutlich, wenn man an Werke wie etwa „Der rote Weinberg", „Der Sämann" oder „Straße mit Zypressen" denkt.

Sein Stil während der Zeit in Arles und Saint-Rémy ist unverwechselbar: Mit Strichen, Linien, Spiralen schuf er magische Bilder, deren Schwingen und Beben mehr Ausdruck seiner immer stärker werdenden inneren Unruhe als der erlebten Natur waren. Ob es schließlich die Sonne war, die van Gogh mit seiner ins Halluzinatorische gehenden übersensiblen Wahrnehmung verrückt machte oder eine schnell fortschreitende Geisteskrankheit oder gar beides, vermag auch heute keiner zu sagen.

Auch schreibende Künstler waren von der Provence begeistert. Es ist sicher kein Zufall, daß auch Vincent van Gogh Alphonse Daudets Roman „Tartarin de Tarascon" gelesen hat, in dem er die Provence folgendermaßen beschrieb: „Der französische Süden ist eine Landschaft, wo die Sonne alle Gegenstände so eigentümlich beleuchtet, daß sie in ganz anderen Dimensionen erscheinen als in der Wirklichkeit."

In den Werken von Jean Giono, geboren in Manosque, und Frédéric Mistral aus Maillane wird die Landschaft der Provence und der eigenwillige Charakter der Bewohner trefflich geschildert. Mistral erhielt den Nobelpreis für seine Werke. Neben seinem literarischen Interesse machte er sich um die Erhaltung der provenzalischen Sprache und traditionellen Bräuche verdient. Heute lebt er in den Herzen der Provenzalen weiter. Es gibt kaum einen Reisebericht über diese Gegend, der nicht auf diesen beliebten Dichter in irgendeiner Form hinweist. Sogar in Kochbüchern findet man sehr zutreffende Hinweise von ihm über die Gastronomie und deren Beziehung zur Landschaft. Mistral stiftete seiner Heimat mit dem Geld, das er für den Literatur-Nobelpreis erhalten hatte, ein bedeutendes Museum in Arles, auf Provenzalisch *Museon Arlaten* genannt. Es ist wirklich ein sehenswertes Haus, das Aufschluß gibt über die Volkskunst, viele Bräuche und Traditionen, Mode, Möbel, Gebrauchsgegenstände und Krippenfiguren, dessen Besuch jedem Liebhaber der Provence ans Herz gelegt werden muß.

Einen Ausflug wert ist die Mühle Alphonse Daudets in der Nähe des Städtchens Fontvieille. Hier soll der Dichter seine berühmten „Lettres de mon moulin“ verfaßt haben, in Wirklichkeit hat er sie aber in Paris geschrieben. Land und Leute der Provence inspirierten ihn bei seinen Aufenthalten zu vielen seiner literarischen Werke. Ein kleines Museum wurde zu seinen Ehren im Untergeschoß der Mühle eingerichtet.

Land der Farben, der Düfte und des Lichts. Felder von Lavendel, blühenden Bäumen und Sonnenblumen im Lubéron (links oben) und im Plateau de Vaucluse (links unten).
In Roussillon (oben): Das berühmte klare Licht der Provence vor azurblauem Himmel mit seinen scharfen Kontrasten hat schon immer Maler, Fotografen und Dichter magisch angezogen und zu Meisterwerken beflügelt.

La cuisine du soleil: die Sonnenküche

Während meiner zahlreichen Aufenthalte in der Provence hatte ich sehr oft die Gelegenheit, in die Töpfe von guten Köchinnen zu gucken. Nicht etwa, daß Männer dort nicht gut kochen könnten, aber die Frauen in der Provence sind berühmt für ihre überlieferten Hausrezepte. Sie pflegen das Detail und wissen genau, worauf es ankommt, um einer Spezialität die ganz persönliche Note zu geben. Alles, was in der Provence nach alten, unverfälschten Rezepten gekocht wird, hat einfach Geschmack. Von unseren Modetrends will man nicht viel wissen. Auch hält man sich an das saisonale Angebot. Man spürt die Liebe, die hineingekocht wird. In der Provence findet man Gerichte, die den dort heimischen Menschen und dem Klima entsprechen – eine farbenfrohe *cuisine du soleil,* eine Sonnenküche, wie sie ab und zu genannt wird. Wegen ihrer Ehrlichkeit liebe ich sie besonders.

Ohne Zweifel sind die Grundpfeiler oder die typischen Merkmale der Provence-Küche die Verwendung von Olivenöl, Kräutern, Knoblauch, Tomaten, Auberginen, Paprikaschoten und anderen Gemüsen sowie Lamm oder Schaf und natürlich an der Küste eine Vielfalt von Fischen und Meeresfrüchten.

Politisch gesehen wird die Region Provence-Côte d'Azur heute in sechs *départements* aufgeteilt: Alpes-Maritimes, Var, Bouches-du-Rhône, Vaucluse, Alpes-de-Haute-Provence und Hautes-Alpes. Die Rhône bildet zum Westen hin die natürliche Grenze. Die Täler der Rhône und der Durance ausgenommen, ist die Provence eine gebirgige Gegend. Die Kraft der provenzalischen Sonne und große Anstrengungen der Bewohner, unter anderem das weitläufige Bewässerungsnetz, das im Lauf der Zeit erstellt wurde, haben den Anbau von Gemüsen, Früchten und Reben im großen Stil gefördert. Im Gebiet der Haute-Provence hat sich auch die bedeutendste Schafzucht Europas entwickelt. Nicht unerwähnt lassen sollte man die Reiskulturen in der Camargue, welche ebenfalls erst durch Menschenhand entstehen konnten.

Kulinarisch gesehen verwischen sich die Grenzen zwischen den einzelnen Départements, und man begegnet der provenzalischen Küche bis zur italienischen Grenze einerseits und bis in die Départements Gard, Languedoc und Hérault, die geographisch eigentlich nicht mehr dazu gehören. Besondere Bedeutung kommen dabei dem Hafen Sète und seiner Umgebung zu, den Städten Béziers, Narbonne bis Toulouse. Eine Sonderstellung nehmen Nizza und die Mittelmeerküste bis Menton ein, wo deutliche Einflüsse aus Italien bemerkbar sind. So spricht man heute immer noch von der Küche des Comté de Nice, des Grafen von Nizza. Innerhalb der Provence-Küche, die überall gemeinsame Merkmale aufweist, gibt es eine ganze Reihe von regionalen und lokalen Spezialitäten. Manchmal handelt es sich um ganz besondere Gerichte oder nur um Varianten, die zum Beispiel in Avignon, in Arles oder in Sète zubereitet werden. Gut erkennbar sind diese Unterschiede beispielsweise bei Fischsuppen. So wird eine Bouillabaisse in Marseille mit vielen Fischsorten, in Sète mit nur einem ganz bescheidenen Fisch und an der Côte d'Azur gerne mit zusätzlichen Krustentieren zubereitet, auch die *daubes,* die typischen Schmorbraten, unterscheiden sich regional.

Auffallend in der Provence-Küche ist, daß die Gemüse einen besonderen Stellenwert haben. Sie werden nicht nur als Garnitur serviert, sondern mit Liebe zu eigenständigen, attraktiven Beilagen oder Vorspeisen zubereitet. Oft werden sie zusammen mit Fleisch oder Fisch raffiniert zu originellen Spezialitäten kombiniert. Gemüse werden in der Provence nicht einfach nur gedämpft oder blanchiert, sondern langsam im Olivenöl gedünstet. Und wenn noch ein paar Kräuter und etwas Knoblauch dazukommen, sind sie ein ganz besonderer Genuß.

Leuchtend blauviolette Lavendelfelder sind zum Wahrzeichen der Provence geworden. Lavendel ist sehr genügsam, er braucht vor allem Sonne und Kalk, und davon gibt es hier ja genug.

Fleisch, besonders Lamm oder Schaf, wird gebraten oder gegrillt, wobei dem Würzen mit Kräutern eine große Bedeutung zukommt. Beliebt ist auch Schmorfleisch mit und ohne Gemüse. Fische werden gerne pochiert, gedünstet oder gebraten. Man bereitet sie am liebsten ganz einfach zu, oft auch nur gegrillt. Dann gibt man ihnen vor dem Servieren mit etwas kaltgepreßtem Olivenöl die spezielle Note. Oft werden sie von Tomaten oder Ratatouille begleitet oder mit einer Sauce aus diesen südlichen Gemüsen serviert. In der echten provenzalischen Fischküche findet man selten Sahnesaucen. In der Provence liebt man Gratins in jeder Form. Besonders in der Gegend von Nizza sind sie im Restaurant häufig anzutreffen. Dort gibt es auch Spaghetti, Makkaroni und Gnocchi.

Auf den folgenden Seiten können Sie aus den Produktbeschreibungen ebenfalls viel über die Provence-Küche lesen, und die verschiedenen Rezepte dieses Buches geben Aufschluß über die Kochmethoden und Besonderheiten dieser einmaligen Küche.

Das Kräuterparadies

Wer im Frühsommer durch die Haute-Provence wandert, sieht vor allem wunderschöne Lavendelfelder. Die lilablauen Blüten dienen nicht nur zur Parfümherstellung, sie werden, subtil dosiert, auch in der Küche verwendet. Wer sich weiter in die Alpes-Maritimes begibt, wird von den herrlichen Düften der *aromates*, so heißen in der Provence die Küchenkräuter, überrascht. Auch sieht man da und dort noch Kräuterweiblein und -männlein, die sie eifrig sammeln, in Stoffsäcke stopfen und die kostbare Fracht auf Leiterwägelchen oder in alten, ausgedienten Kinderwagen in einer Sammelstelle abliefern. So zum Beispiel in Salernes, wo eine tüchtige Unternehmerin daraus Spezialitäten herstellt. Die Kräuter werden sortiert, in einer Tenne unter dem Dach aufgehängt und auf natürliche Art getrocknet. Die meisten *aromates* duften auch nach dem Trocknen, weil sie bereits vor dem Pflücken von der intensiven Sonnenbestrahlung etwas angetrocknet sind. Nach dem Trocknen werden sie zu den verschiedenen Mischungen zusammengestellt, danach in hübsche Säcklein oder Tongefäße abgepackt oder auch in Öl oder Essig eingelegt. Frische Kräuter eignen sich nicht zum Einlegen.

Beim Würzen vieler Gerichte, die danach gegrillt oder gebraten werden, entfalten natürlich getrocknete Kräuter ihr Aroma besser als frische, sofern man sie ganz beläßt und nicht zu Pulver verarbeitet. Ausnahmen bilden das Basilikum und die glattblättrige Petersilie. Sie sollten nur frisch oder in Form von Pasten verwendet werden. Bei der Zubereitung von Salaten, Gemüsen und sehr anspruchsvollen Gerichten werden im Sommer, wie bei uns auch, frische Kräuter verwendet, ebenso bei der Herstellung von Gewürzpasten, aromatischen Senfsorten und anderen Spezialitäten.

Bei den Touristen beliebt ist die universelle Provence-Mischung, die meistens aus Thymian, Rosmarin, Bohnenkraut, wildem Majoran oder Origano und Lavendel besteht. Oft wird sie auch mit zerriebenen Lorbeerblättern, Fenchel und etwas Orangenschale ergänzt. In dieser Form eignet sie sich besonders zum Braten und Grillen. Gute Köche und Köchinnen lassen es aber nicht bei dieser Standardmischung bewenden, sondern würzen subtiler, je nach Art des Gerichtes. So paßt frisches Basilikum zu Gemüsesuppen und Tomatengerichten, Wacholder zu Wild und Rind, Nelke und Lorbeer zu Rindsragout und Fleischgerichten mit Sauce, Rosmarin zu Lamm, da und dort etwas Safran zu Fischsuppen und Fenchel zum gegrillten Fisch. Das Bohnenkraut macht sich gut in Tomaten- und Käsegerichten. In gewissen Gegenden der Provence ist es aber das bevorzugte Kraut für Kaninchen und Hülsenfrüchte. Anderenorts wird dafür lieber Thymian verwendet. Er gibt auch der *daube,* dem Rindfleisch in Rotweinsauce, das gewisse Etwas. Für Geflügel sind Estragon, Thymian und Basilikum besonders zu empfehlen.

Nun, die guten Köchinnen und Köche haben alle über ihre *aromates* eine eigene Auffassung, und so können auch wir von der allgemeinen Richtlinie ausgehen. Denn gut ist ja, was uns schmeckt, und auf jedem Markt ist auch mindestens ein Gewürzhändler zu finden. Er breitet sein Angebot meistens auf einem Schubkarren aus, es ist dann oft so umfangreich, daß man die Qual der Wahl hat. Da kaufe ich jeweils geheimnisvolle Mischungen für die Bouillabaisse, für Fischgerichte oder für einen echten Couscous. Nicht nur getrocknete Kräutermischungen gibt es da, sondern etwa auch getrocknete Fenchelstangen zum Grillen von ganzen Fischen oder sogar zerkleinertes Holz von Rebstöcken, dessen Glut dem Fleisch ein besonderes Aroma verleiht. Gerne kaufe ich auch arabische Gewürze wie Kreuzkümmel oder die rote, scharfe Pfefferpaste und manchmal Rosenwasser und natürlich echte Safranfäden, für die man schon ein paar Francs mehr ausgeben muß.

Ein Eldorado für Nasenmenschen: Kräuter im Überfluß. Fenchelsamen (oben links), Basilikum (oben rechts) und Rosmarin (rechts) gehören neben Thymian, Bohnenkraut, Majoran, Salbei und Lavendel in die typische Kräutermischung. Beim Dosieren ist Vorsicht angesagt. Wer nicht mit Gefühl würzt, übertönt damit schnell den Eigengeschmack der Hauptzutaten.

Knoblauch: die Vanille der Provence

Der Knoblauch ist in der Provence nicht nur zum Würzen da. Er ist viel mehr, sozusagen das Lebenselixier. Wer viel Knoblauch ißt, soll ein hohes Alter erreichen. So erzählt man von einem Marseiller namens Annibal Camous, der das legendäre Alter von 104 Jahren erreichte, er sei bei der Beerdigung seines achzig Jahre alten Sohnes untröstlich gewesen. Immer habe er ihm gesagt, er müsse mehr Knoblauch essen. Der Sohn habe seinen Rat nicht befolgt, deshalb habe er jetzt so jung sterben müssen.

Der Duft des Knoblauchs, und damit ist seine unangenehme Seite gemeint, stört die Provenzalen überhaupt nicht, denn fast jeder ißt täglich davon. Liebevoll nennt man diese Knolle Vanille der Provence. Der Knoblauch soll zu schönen Träumen voller Oleander und silbern schimmernden Olivenbäumen verhelfen. Sein Duft, der die meisten Gerichte bis zum Tisch begleitet, sei keineswegs vulgär, sondern so subtil wie ein Vers des Dichters Mistral, ließ ich mir sagen. Der Knoblauch dufte auch nach der Landschaft und der sonnengetränkten Erde und sei demnach etwas vom Echtesten überhaupt. Man müsse ihn eben nehmen, wie er sei.

Es gibt praktisch keine Provence-Gerichte ohne etwas Knoblauch. Die Vorliebe dafür stammt von den uralten Kulturvölkern des Mittelmeerraumes. Gute Köche sind sich aber darin einig, daß Knoblauch außer bei *aïoli,* der Knoblauch-Mayonnaise, nicht vorherrschen soll. Die Kunst ist es, ihn richtig zu dosieren. Besonders beliebt sind die kleinen, leicht rosafarbenen Knollen, die man in Zöpfen auf den Märkten sieht. Wer den Knoblauch mag, kann nicht daran vorbeigehen, ohne davon mit nach Hause zu nehmen. Die Knoblauchpflanzen werden mit dem noch grünen Lauch verflochten und so zum Trocknen aufgehängt. Das sieht auch zu Hause in der Küche hübsch aus. Ein Knoblauchzopf altert und vertrocknet leider bei Zimmertemperatur ziemlich rasch. Bald ist nur noch die dekorative Hülle vorhanden, und das Fruchtfleisch ist zu Staub zerfallen. Man sollte diese Zöpfe deshalb an einem kühlen, gut durchgelüfteten Ort aufhängen. Der Kühlschrank ist dafür ungeeignet. Man kann die Zehen schälen, in ein Konservenglas legen und mit gutem Olivenöl bedecken. So hält er sich zwei bis drei Monate und aromatisiert dabei auch das Öl, welches dadurch für die Zubereitung der Provence-Gerichte ideal wird. Diesen eingelegten Knoblauch kann man im Kühlschrank aufbewahren.

Wird frischer Knoblauch roh zu Saucen verarbeitet, zum Beispiel für *aïoli* oder *rouille,* nimmt er sehr bald einen unangenehmen Geschmack an. Deshalb empfiehlt es sich, solche Gerichte noch am Tag der Zubereitung zu verwenden.

Knoblauch ist in der Provence-Küche König. Hier wird ihm eine nahezu mythische Bedeutung zugesprochen: Er soll böse Geister, Dämonen und Vampire fernhalten. Täglich genossen, gilt er als Quelle ewiger Jugend und Gesundheit. Den bei uns manchmal naserümpfend quittierten Geruch der gesunden Knolle bezeichnen die Provenzalen sogar als Duft oder Parfüm. Besonders fein im Aroma und gut bekömmlich ist der violett gefleckte Knoblauch. Wenn er auf dem Markt angeboten wird, kann man sich getrost einen größeren Vorrat davon anlegen, denn er verdirbt nicht so schnell wie der weiße.

Olivenöl: das Gold der Provence

«Qui renonce à l'huile d'olive, renonce au goût.» – Wer auf Olivenöl verzichtet, verzichtet auf Geschmack. Das sagt man in der Provence zu Leuten, die dieses aromatische Öl, welches für die regionalen Gerichte so typisch ist, nicht mögen. Echte Provence-Gerichte sind ohne Olivenöl praktisch undenkbar. Der Olivenbaum wächst seit mehr als fünftausend Jahren in den Mittelmeerländern. Bereits die Ägypter, die Juden, die Phönizier und die Griechen hegten und pflegten ihn nach strengen Vorschriften. Die Römer setzten die Tradition fort und betrachteten andere Völker, die anstelle von Olivenöl tierische Fette verwendeten, schlicht als Barbaren. Die Olivenbäume sind genügsam und gedeihen auf kargem Boden, sie überstehen sogar starke Winde und Trockenheit. Gefährlich werden ihnen nur Temperaturen unter minus zwölf Grad Celsius. Sind die oft über hundert Jahre alten Bäume erfroren, dauert es mindestens acht bis zehn Jahre, bis die neuen Sprossen sich zu Bäumen entwickelt haben, die wieder Früchte tragen.

Für einen Liter Olivenöl benötigt man zirka zweitausendfünfhundert Oliven, das sind vier bis fünf Kilogramm. Die Früchte, die als Tafeloliven verwendet werden, pflückt man meistens von Hand, damit sie unversehrt bleiben. Zur Gewinung von Öl werden die Bäume geschüttelt. Die Oliven kommen dann so schnell wie möglich in die Ölmühlen, wo sie mit kaltem Wasser gewaschen und zwischen riesigen Mahlsteinen zerkleinert und anschließend gepreßt werden. In kleinen Betrieben wird das Öl manuell kaltgepreßt. Dieser schonende Vorgang dauert Stunden, der Olivenbrei darf dabei nicht höher als auf Zimmertemperatur erwärmt werden. Das auf diese Art gewonnene Spitzenöl behält seinen typischen fruchtigen Geschmack und eine intensive gelbe bis grünliche Farbe. Es ist garantiert kaltgepreßt und wird *huile d'olive vierge* (Jungfernöl) genannt.

In großen Betrieben wird schneller und rationeller gearbeitet. Die Früchte werden ebenfalls zuerst kalt unter Druck gepreßt. Die ölhaltigen Rückstände werden nochmals gepreßt und durch Raffinieren verfeinert. So gibt es naturreines, kaltgepreßtes Olivenöl in verschiedenen Qualitätsstufen im Handel:

Huile d'olive vierge extra (Olivenöl extra)
Huile d'olive fine (Olivenöl fein)
Huile d'olive vierge courante
(gewöhnliches Olivenöl).

Für Leute, die den Olivengeschmack nicht lieben, gibt es raffiniertes Olivenöl, das von guter Qualität ist, aber den typischen Geschmack vermissen läßt. Auch verschiedene Mischungen aus naturreinem und raffiniertem Öl werden angeboten, und schließlich findet man Olivenresteöl, welches mit kaltgepreßtem Öl gemischt und in Frankreich *huile de grigons et d'olives* genannt wird.

Kaltgepreßtes, naturreines Olivenöl vom Bauern bleibt bis zur nächsten Ernte gut haltbar, wenn man es dunkel und kühl – aber nicht im Kühlschrank – aufbewahrt. Industriell hergestelltes Öl hat eine längere Lebensdauer.

In der Provence-Küche spielt die Olive auch ungepreßt eine bedeutende Rolle. Diese kleine ovoide Frucht, deren Haut zuerst olivgrün, danach bei der Reifung violett, rötlich und zuletzt schwarz wird, wird außer zur Ölproduktion ganz, entsteint oder auch gefüllt zum Apéritif, zu Vorspeisen, als Beilage oder als Zutat in verschiedenen Gerichten verwendet. Die Oliven, meist noch grün oder schwarz, werden zuerst gekocht und dann mit Kräutern und Gewürzen in Salzlake oder Olivenöl eingelegt. Besonders apart ist die *tapénade*, eine Paste aus schwarzen Oliven, Kapern, Sardellen, Olivenöl und Gewürzen. Sie ist ebenfalls konserviert erhältlich, und man serviert sie auf kleinen Toasts oder verwendet sie zum Würzen von Spezialitäten. Die besten Oliven Südfrankreichs sollen aus Nyon, der Drôme, der Vaucluse und aus Nizza kommen.

Pfefferschotenöl (links)

5 rote, scharfe, getrocknete Pfefferschoten, 1 Liter kaltgepreßtes Olivenöl, 1 kleines Lorbeerblatt

Pfefferschoten längs halbieren. Kerne herauskratzen. Mit Olivenöl und Lorbeerblatt in eine Flasche mit Bügelverschluß oder in ein gut verschließbares Konservenglas geben. Verschließen und mindestens 3–4 Wochen ziehen lassen. Dieses Öl paßt zum Würzen von Fischgerichten, zum Marinieren von Fleisch vor dem Grillen und zu vielen anderen Zubereitungen.

Knoblauchöl (rechts)

4 ungeschälte Knoblauchzehen, 1 Liter kaltgepreßtes Olivenöl, Pfeffer aus der Mühle

Knoblauchzehen längs halbieren und im Öl in einer gut verschließbaren Flasche einige Wochen ziehen lassen. Knoblauchöl paßt als Würze zu Fisch oder Fleisch. Dafür einige Tropfen über den gegrillten Fisch geben. Bei Fleisch vor dem Grillen Stücke damit bestreichen. Knoblauchöl eignet sich auch gut für Salatsaucen.

Kräuteröl (Mitte)

4–5 EL Kräuter (Basilikum, Estragon, Rosmarin, Thymian) einzeln oder gemischt, 1 Liter kaltgepreßtes Olivenöl

Kräuter zerzupfen. 2–3 EL Olivenöl in ein Pfännchen geben und dieses im Wasserbad erhitzen. Kräuter hineingeben und solange darin lassen, bis die Kräuter schlapp werden, um ihr Aroma abzugeben. Nach dem Erkalten ins restliche Olivenöl geben und in einer gut verschließbaren Flasche oder einem Glas 3–5 Wochen aromatisieren.
Paßt gut zu Salaten oder vielen anderen Zubereitungen.

Oben: Eingelegte Oliven in allen Schattierungen bereichern als pikante Zutat den Speiseplan. Ihre Färbung hängt vom Zeitpunkt der Ernte ab. In der Provence bevorzugt man die reiferen, dunkleren Exemplare. Ob in Öl, Essig oder Salzlake eingelegt, mit oder ohne Stein, gefüllt, gewürzt mit Thymian, Fenchel oder Knoblauch, nur durch Probieren findet man seine Vorlieben heraus.

Samstags in Arles und anderswo

Gibt es etwas Schöneres, als über einen südlichen Markt zu flanieren? Das tue ich in der Provence besonders gerne. Bei meinen Reisen richte ich es immer so ein, daß ich einen oder zwei Märkte besuchen kann, zum Beispiel am Samstag Morgen in Arles, wo die Marktstände auf der großen Ringallee alles zeigen, was die Gegend saisonal zu bieten hat. Da findet man die kleinen Artischocken, die so zart sind, daß man sie beinahe ganz aufessen kann, dunkelviolette, weiße und gesprenkelte Auberginen, schlanke kleine Zucchini, Paprikaschoten in allen Farben, wunderschöne rote, reife Tomaten, feine und breite grüne Bohnen sowie die herrlichen *fèves* (Puffbohnen) und *flageolets* (Kernbohnen) sowie knackige grüne Erbsen in prallen Hülsen. Natürlich sind auch die üblichen bekannten Gemüse zu haben. Berge und Zöpfe von roten und braunen Zwiebeln, Schalotten und Knoblauch mit den aromatischen rosa Knollen verführen uns zum Mitnehmen in unsere nördlichen Gefilde.

Im Winter verändert sich das Bild ein wenig. Da sieht man riesengroße Kürbisse, verschiedene Kohlsorten und die bei uns unbekannten Karden, eine Distelart mit langen, fleischigen Blättern, die, von den Stacheln befreit, herrliche Gerichte ergeben. In dieser Jahreszeit werden auch die vielen getrockneten Hülsenfrüchte ganz groß geschrieben.

Ein Erlebnis besonderer Art sind die Gespräche mit den Marktfrauen, die bereitwillig Tips aus ihrer Küche verraten. So fand ich in den Körben einer sehr charmanten alten Frau dreizehn verschiedene Sorten Schalotten: kleine, große, teilweise zu Knollen zusammengefügte, graue, braune und rosafarbene in den verschiedensten Formen. Sie nannte mir alle beim Namen, wobei die originellsten *cuisse de grenouilles* hießen und tatsächlich aussahen wie Froschschenkel. Zudem erklärte sie mir die geschmacklichen Unterschiede der einzelnen Sorten und für welche Gerichte sie besonders geeignet sind. Eine eigene Wissenschaft, die es für mich zu erforschen galt. So nahm ich alle mit nach Hause, um sie zu probieren!

Wer im Vorfrühling in die Provence fährt, sieht bereits im Rhônetal blühende Mandelbäume, die sich wie ein Spitzentuch zwischen den dunklen Zypressen über die Landschaft ausbreiten. Etwas später sind es die Pfirsich-, Aprikosen- und Kirschbäume, die zu blühen beginnen. Den Früchten begegnet man im Sommer auf den Märkten. Und zwar sind sie nicht nur halbreif wie oft bei uns, sondern schön knackig und dennoch saftig. Aber nicht nur Pfirsiche, Aprikosen und Kirschen gibt es, sondern auch Nektarinen, Pflaumen, Erdbeeren, und wenn man besonders Glück hat, auch Walderdbeeren, Himbeeren, Feigen und nicht zu vergessen die saftigen Melonen und die großen, grünen *pastèques* (Wassermelonen) mit dem roten Fleisch und den schwarzen Kernen.

Jede Gegend hat ihre Obstspezialitäten. So begegnet man ihnen auch am Rande der Landstraßen, wo sie direkt von den Produzenten feilgeboten werden. Die besten Melonen kommen aus Cavaillon, die schönsten Aprikosen und Pfirsiche aus dem Rhônetal und die größten Kirschen aus der Gegend von Remoulins bei Nîmes. Auf dem Markt findet man im Herbst auch den *vin cuit*, den eingekochten Traubensaft, dem man bei der Weiterverwendung für Desserts ein Gläschen Marc oder Branntwein zufügt.

Wichtig sind auch die Pinienkerne und die Mandeln, die frisch angeboten werden. Oft gibt es auch grüne Walnüsse aus dem Rhônetal, mit welchen man den *vin de noix* zubereiten kann. Die grünen Nüsse werden mit Zucker in Rotwein eingelegt, vierzig Tage mariniert, danach filtriert und als Apéritif getrunken. Bei jedem Marktbesuch nehme ich neue Anregungen mit nach Hause und freue mich schon wieder auf das nächste Mal.

Jeder kleinere und größere Flecken hat seinen Markt; ob in Fontvieille (links oben) oder in Nizza (rechts), die Erzeugnisse der Provence stehen in der Beliebtheitsskala ganz oben. Was die Gemüsebauern hier hervorbringen, befriedigt selbst höchste Ansprüche.

CHERIE
Prix Restaurant
85.06.40
PRIMEURS St FRANÇOIS
CAVES St FRANÇOIS

Aus Meer und Flüssen

Das wohl bekannteste Fischgericht von Südfrankreich ist die Bouillabaisse. Es gibt auch keine andere Spezialität, über die in der Provence so viel diskutiert wird. Trotz Meinungsverschiedenheiten über die richtige Zubereitung gibt es goldene Regeln, die einzuhalten sind. Das erste Grundprinzip ist, daß man für diese Spezialität mindestens vier Fischsorten verwenden muß, wobei *rascasse* (Drachenkopf) dazu unerläßlich ist. Das sagen Köche aus Marseille, die außer diesem attraktiven, feuerroten, grimmig aussehenden Fisch noch *saint-pierre* (Petersfisch), *merlan* (Wittling), *lotte de mer* oder *baudroie* (Seeteufel), *anguille de mer* (Meeraal), *rouget grondin* (Knurrhahn) und *chinchard* (Stöcker) verwenden. Die Frage, ob in die Bouillabaisse auch Krusten- und Schalentiere hineingehörten, gibt bereits zu heftigen Diskussionen Anlaß. Ein Streitpunkt ist auch die Beigabe von Kartoffeln. Eine Fischersfrau in Saint-Tropez sagte mir dazu: *«Il faut la faire avec ce que l'on a.»* Die Bouillabaisse sei doch ursprünglich ein einfaches Fischergericht gewesen. Da habe man halt die Suppe mit dem gemacht, was gefischt worden sei oder mit den unverkauften Fischen, und immer habe sie gut geschmeckt. Dieser Ansicht ist man immer noch in der Camargue und in der Gegend von Sète, wo ich dieses Gericht oft mit nur einer Fischsorte gekocht bekommen habe. Je nach Gegend verschieden ist auch die Zubereitung der *bourride*, einer Spezialität, die ursprünglich aus Sète kommt, wo sie mit *lotte*, also mit Seeteufel, gekocht wird. Vielerorts gesellen sich Wittling, Wolfsbarsch, Meeräsche und Brasse dazu. Das Wichtigste an diesem Gericht ist aber die mit passiertem Fisch und Aïoli gebundene Suppe. Darüber sind sich wiederum alle einig. In Arles kocht man lieber leichte Fischsuppen, zum Beispiel die *aïgosaou*, welche Weißfische enthält.

Die bereits aufgezählten Fische werden natürlich auch einzeln in den verschiedensten Zubereitungen serviert, und zwar je nach Eignung gegrillt, oft über Fenchelkraut, mit und ohne Saucen serviert und in Nizza meistens mit Tomaten zubereitet. Die Fische werden in der Regel immer ganz belassen, weil sie eben mit Kopf, Haut und Gräten gekocht am besten schmecken. Manchmal werden größere Exemplare auch würzig gefüllt. Ein ganz besonderer Fisch ist der *rouget*, die Rotbarbe. Sie hat eine attraktive rote Haut, die man tunlichst nicht entfernen sollte, und ein ganz besonders aromatisches Fleisch. Die Rotbarbe wird als „Schnepfe des Meeres" bezeichnet, weil sie keine Gallenblase hat und demzufolge in der Provence sehr oft mitsamt den Innereien zubereitet wird, ein Vorgehen, das Touristen aus dem Norden nicht immer zu schätzen wissen. Speziell erwähnen muß man, daß es in den *étangs*, den Binnenseen in der Camargue, und in den Flüssen auch Süßwasserfische gibt, unter anderem auch Zander und Forellen in der Haute-Provence.

Eine besondere Rolle bei den Einheimischen spielt die *morue*, der gesalzene Kabeljau, und in Nizza der Stockfisch. Beliebt sind auch Sardinen, Sardellen und Makrelen.

Das Mittelmeer liefert in Südfrankreich eine ganze Anzahl von Krusten- und Schalentieren. Muscheln, wie etwa die *clovisses* oder die *palourdes* (Teppichmuscheln), *praires* (Venusmuscheln), Meerschnecken und ähnliche Muschelsorten werden meistens roh serviert und lediglich mit einigen Tropfen Essig oder Zitronensaft beträufelt. Miesmuscheln werden in der Gegend von Sète und Mèze gezüchtet. Es handelt sich dabei um eine kleine, delikate Sorte, die man in der Provence in einem Schalotten-Wein-Sud kocht oder mit ganz verschiedenen Saucen anrichtet und oft überbäckt.

Langusten und Langustinen sind in der Provence überaus beliebt, leider werden sie immer seltener und deshalb auch bald unerschwinglich teuer. Aus dieser Klemme helfen die blaugrünen Langusten aus Afrika, die vor allem an der Côte d'Azur das Angebot bereichern. Gerne denke ich an die Zeiten in Saint-Tropez zurück. Damals konnte man nach Lust und Laune Langusten essen. Wir bestellten sie bei der Fischersfrau und ließen sie auch gleich in ihrer Küche in Meerwasser kochen, um sie nicht selbst lebend ins kochende Wasser werfen zu müssen. Noch warm holten wir sie ab und schlemmten wie Gott in Frankreich. Sie lehrte mich auch, diese Krustentiere in der richtigen Größe einzukaufen. So etwa 800 Gramm schwer sollten sie sein, dann seien sie am zartesten und sehr aromatisch. „Urgroßmütter", die bis zu 4 Kilogramm wiegen können, seien faserig und demzufolge nicht zu empfehlen. Später dachte ich an diese Empfehlung, als ich eine Köchin in Sète mitleidig lächeln sah über Touristen, die in ihrem Restaurant die größte Languste auswählten; nur mit Mühe paßte sie in einen Topf.

Ab und zu kann man in Südfrankreich auch Taschenkrebse und Meeresspinnen essen, die in ihrer eigenen Schale serviert werden. Sehr verbreitet sind auch die verschiedenen Tintenfischarten. Es gibt viele Rezepte, nach denen auch die großen Exemplare zu einer Delikatesse werden.

Etwas Besonderes sind die *oursins*. Wer einmal beim Baden Pech hatte und auf einen dieser Seeigel trat, wird dies nie vergessen, denn seine Stacheln können einem die Ferien am Mittelmeer ganz schön verderben. Um so besser schmecken sie im Teller. Zum Schutz vor den Stacheln öffnet man sie mit Handschuhen, entfernt die Innereien und löffelt sie gerne roh aus oder püriert den Inhalt für die Zubereitung einer ausgezeichneten Sauce, die zu Fisch serviert wird.

Auffallend in der Provence ist, daß die Meeresfrüchte in der Regel nicht gemischt zubereitet werden, wie das in der klassischen französischen Küche und in anderen Ländern üblich ist. Das mag daher kommen, daß man hier den Geschmack der einzelnen Sorten unverfälscht genießen will und einfache Zubereitungen liebt. Exklusiv ist auch die *boutargue* in der Camargue, die aus den Eiern der Meeräsche zubereitet wird. Diese werden im Sommer getrocknet, gepreßt und gesalzen. Diese Konservierungsart war schon den Phöniziern bekannt. Oft wird diese Spezialität mit dem Namen *caviar blanc*, also weißer Kaviar, bezeichnet. Allerdings ist die *boutargue* orangerot und kommt in abgeflachten, wurstähnlichen Rollen in den Handel. Man serviert sie in sehr dünnen Scheiben auf Toasts oder verwendet sie für die Zubereitung von feinen Saucen zu Fisch. Es werden auch ähnliche Ersatzprodukte aus dem Rogen von Thunfisch oder Kabeljau hergestellt, die aber geschmacklich und qualitativ nicht ebenbürtig sind. In der Provence werden auch Schnekken, Roßschnecken und leider auch immer noch Froschschenkel gegessen.

Nächste Doppelseite: auf einen Blick die ganze Fülle der Köstlichkeiten aus dem Mittelmeer. Von links vorne im Uhrzeigersinn: Krake oder Oktopus, Kalmar, zwei Goldbrassen, Seezunge, Petersfisch, drei Seehechte, Miesmuscheln (im Eimer), Brasse (in der Kupferkasserolle), vier Merlane oder Wittlinge (auf dem Teller hinten rechts), Taschenkrebs, roter Drachenkopf, Seeteufel, Wolfsbarsch, Knurrhahn, Stöcker, zwei Strandkrabben, drei Kaisergranaten (rechts vorne auf dem Teller), zwei Langustenschwänze, Wellhornschnecken.

Zwischen Avignon und Orange liegen die Weinberge des berühmtesten Anbaugebietes im Mittelmeerraum: Châteauneuf-du-Pape. Noch lassen die kahlen, gerade beschnittenen Rebstöcke vor dem Château des Fines Roches kaum erahnen, daß später im Jahr die Trauben für Weine von unverwechselbarem Charakter geerntet werden. Kies bedeckt die Erde und speichert die Hitze des Tages, um sie dann in der kühlen Nacht an die Rebstöcke abzugeben.

A votre santé: vin rouge, blanc et rose

Hier werden nur die wichtigsten Weine mit kontrollierter Herkunftsbezeichnung *(appellation d'origine contrôlée)* genannt, es gibt regionale und kommunale AOC-Gebiete.

Côtes du Rhône: Bereits im Altertum war das Rhônetal der Verkehrsweg mediterraner Kulturen, über den sie nach Gallien gelangten. So brachten die Gründer von Marseille, die Phokäer, die aus dem Orient stammende Syrahtraube in dieses Tal. Die südliche Region der Côtes du Rhône, wo die Weine der Provence produziert werden, ist die größte dieser in drei Teile geordneten Weingegend. Der beste wächst in der Nähe von Orange.

Châteauneuf-du-Pape: Das ist der legendäre Châteauneuf-du-Pape aus den Weinbergen nördlich von Avignon, der sowohl rot als auch weiß zu haben ist. Der rote ist sehr körperreich, herrlich in der Farbe, hervorragend im Bouquet und hat einen ausgeprägten Himbeergeschmack. Der weiße ist weniger bekannt, gilt als Rarität und ist ebenfalls vorzüglich in der Qualität. Der Châteauneuf-du-Pape wird aus einer Mischung von ungefähr zwölf verschiedenen Traubensorten gekeltert. Seinen Höhepunkt erreicht der Rotwein nach fünf bis zehn Jahren und ist demzufolge lange lagerfähig.

Tavel: Die Roséweine von Tavel gelten als Spitzenweine. Sie gehören zu den ältesten hellroten Weinen Frankreichs. Mit ihrer kräftigen Farbe und dem unvergleichlichen Bouquet mit leichtem Erdbeeraroma werden sie auch von Kennern, die den Roséweinen nichts abgewinnen können, geschätzt. Man sagt, daß sie bereits Ludwig XVI. gefielen und daß sogar Brillat-Savarin, der große Gastrosoph, sie lobend erwähnte. Allerdings darf man die Wirkung dieses leicht scheinenden und süffigen Weines nicht unterschätzen. Er ist ebenso alkoholhaltig wie rote Spitzenweine. Er sollte nicht länger als zwei Jahre gelagert werden.

Lirac: Gleich nebenan in der Nähe von Roquemaure wächst ein etwas leichterer Roséwein, der Lirac, der ebenfalls als Qualitätswein und Spezialität sehr geschätzt wird. Als Rarität werden unter der gleichen Bezeichnung auch kräftige Rotweine und feine aromatische Weißweine produziert. Die Lirac-Weine sollten wie alle Roséweine jung getrunken werden.

Gigondas: Eine ganz besondere Beziehung habe ich zum Wein von Gigondas. Diesen feurigen, ganz besonders gehaltvollen Tropfen lernte ich als ersten Provence-Wein kennen, und er gefiel mir so gut, daß ich ihn später zu meinem Hauswein gewählt habe. Ich besuchte auch das kleine Weindorf unterhalb des Mont Ventoux. Dort, in einem Felsenkeller, durfte ich bei Kerzenlicht aus mehreren Holzfässern den für mich besten Wein aussuchen, den ich dann etwa ein Jahr später abgefüllt nach Hause nehmen konnte. Nach weiteren zwei Jahren erreichte er seinen Höhepunkt und war einfach herrlich. Der Rosé von Gigondas, ein fruchtiger, trockener Wein, sollte allerdings sehr jung getrunken werden, weil er rasch maderisiert, also seinen Geschmack verändert. Der Weinbauer, ein gemütlicher Provenzale, war auf Besuch gar nicht eingerichtet. Er mußte auf die Fässer klettern, um ihnen eine Probe zu entnehmen. Das ganze Dorf war damals vom Tourismus noch völlig unberührt. Es gab kein Hotel und nur ein ganz bescheidenes Beizlein, wo der Wirt selber am Herd stand und für uns Kartoffeln *à la provençale* und Lammkoteletts zubereitete. Wir saßen dort auf einem alten, etwas wackeligen Sofa, genossen den Wein und das Essen wie selten zuvor. Es war eben alles so richtig echt und unverfälscht.

Beaume de Venise: Ganz in der Nähe, in Beaume de Venise, begegnet man dem *muscat*, einem hervorragenden Süßwein, der aus Muskattrauben gewonnen wird. Er begleitet Desserts und vor allem Obstkuchen auf das beste. Einen ähnlichen *vin de muscat* gibt es auch im Languedoc, in der Nähe von Sète.

Côtes de Provence: Wer wie ich ein hervorragend geführtes Weingut dieser Gegend besucht hat, wird überrascht sein zu sehen, welche Spezialitäten aus diesen begnadeten Lagen hervorgehen. Da hat der Wein eine reiche historische Vergangenheit. Hier bauten die Gallier ihre ersten Rebberge mit Traubensorten, die von den Phönikern aus Italien oder aus dem Orient gebracht wurden. Im Mittelalter und während der Renaissance wurden die Weingebiete erheblich vergrößert, heute nehmen sie die Hälfte der landwirtschaftlichen Anbaufläche ein. Junge, ausgezeichnet geschulte Önologen nehmen die Vorteile der alten, interessanten Traubensorten wahr. Aus den Rebsorten *tibouren, mourvèdre, grenache, cinsault, pécui-thounar, clairette de trans, l'œillade* und *l'ugni-blancs* entstehen herrliche weiße, roséfarbene und rote Spitzenweine. Als ich mit Freunden eine wunderschöne *domaine* in Roquebrune-sur-Argens oberhalb von Fréjus besuchte, führte uns der Schweizer Besitzer durch seine Reben, die er vorbildlich mit dem Namen der Traubensorten beschriftet hatte. Seine Frau, ebenfalls Önologin, kredenzte uns die verschiedenen Weine, die unter ihrer Leitung gekeltert worden waren. Es war ein schönes und sehr instruktives Erlebnis, das jedem, der sich für Wein interessiert, empfohlen werden kann. Auf diese Art betreut und geführt, erhält man Informationen, die man keinem Buch entnehmen kann, und man lernt Traubensorten kennen, die in unseren Breitengraden nicht gedeihen. Diese Spitzenweine sind sehr gut lagerfähig und sind die ideale Ergänzung zu den vielen regionalen Spezialitäten aus der Provence. Sie unterstehen einer strengen Kontrolle des Weinsyndikates, und es ist deshalb erstaunlich festzustellen, wie aus dem eher kargen Boden unter der südlichen Sonne durch immer besser entwickelte Keltermethoden Spitzenqualitäten entstehen.

Côtes du Ventoux und **Côtes du Lubéron:** An den Hängen des Mont Ventoux, in der Nähe der Römerstadt Vaison-la-Romaine, werden ebenfalls sehr gute, fruchtige Weine angebaut. Sie werden aus sehr guten Trauben, zum Teil auch aus den alten Syrahtrauben, gekeltert. Diese Côtes du Ventoux tragen die Bezeichnung des jeweiligen Weindorfes, wie zum Beispiel Vacqueyras, Cairanne, Rasteau. Etwas weiter südlich werden ähnliche Weine, die Côtes du Lubéron, produziert, die ebenfalls die genaue Herkunft auf dem Etikett tragen. Sie können etwa zwei bis drei Jahre gelagert werden.

Palette: Bei uns weniger bekannt sind die Weine aus der Gegend um Aix-en-Provence. Die Weinberge von Palette bringen gute Qualitätsweine hervor, die bereits zu Zeiten des Königs René im 15. Jahrhundert hoch geschätzt waren. Der bekannteste davon ist der Château Simone. Auch den Weinen dieser Gegend wurde 1948 das Recht zur *appellation d'origine contrôlée* zugestanden, der französischen Bezeichnung für Qualitätsweine und Qualitätsweine mit Prädikat. In der Provence beliebt ist auch der *vin cuit de Palette*, ein Süßwein, der als Abschluß eines Essens oder zwischendurch kredenzt wird.

Cassis: Aus Cassis und Umgebung stammt nach Ansicht der Provenzalen der Weißwein, welcher am besten zur Bouillabaisse paßt. Bereits der Dichter Mistral lobte ihn in höchsten Tönen. Dieser Wein sei so exzellent, daß ihn die Marseiller als Präsent für den König wählten. Mistral schwärmte, Cassisweine funkelten wie ein Diamant und dufteten nach Rosmarin, Heidekraut und Blaubeeren. Vor allem der trockene Weißwein dieser Gegend ist über die Landesgrenzen hinaus bekannt, obwohl seine Produktion sehr limitiert ist. Es gibt auch Rosé und Rotwein aus Cassis, der ausgezeichnet, aber nur ganz beschränkt erhältlich ist. Weiß- und Roséweine aus Cassis passen auch sehr gut zu delikaten Fisch-, Krustentier- und Muschelgerichten. Vor allem das Bouquet des Weißweines wird sehr gepriesen wegen seines typischen Aromas, das auch als Feuersteinaroma bezeichnet wird.

Bandol: Bei uns kaum bekannt sind die Weine dieses kleinen Fischer- und Weindorfes, das zwischen Toulon und Marseille liegt. Zu Un-

Noch sind alte, traditionelle Weinpressen in Gebrauch. Ein Beweis dafür, daß auch Winzer mit kleineren Anbauflächen konkurrenzfähig sind.

recht, denn diese am Meer gelegenen Weinberge ergeben einen hervorragenden trockenen, aromatischen Weißwein und einen Roséwein mit ganz spezifischem Aroma. Auch die Rotweine sind außerordentlich gehaltvoll und werden deshalb gerne zu gebratenem Fleisch oder Wild serviert. Leider ist auch da die Produktion beschränkt, deshalb sollte man diese Weine an Ort und Stelle genießen, um sie kennenzulernen.

Die Weine von Nizza: An der Côte d'Azur in der Gegend von Nizza gedeihen Weine, die nur Insider kennen. Es sind kräftige Rotweine mit einem starken Bouquet, das nach Beschreibungen von Kennern der Provence an Feuerstein, Samt, Sonnenstrahlen und aromatische Kräuter erinnert. Die Weißweine dieser Region sind eher lieblich, aber sehr gut und passen besonders zu regionalen Vorspeisen.

Tips zum Servieren des Weines

Die Kunst des Weintrinkens will gelernt sein. Neben der richtigen Abstimmung von Wein und Gericht entscheidet auch die Temperatur über das harmonische Zusammenspiel von Speis und Trank. Je nach Farbe und Bouquet muß der Rebensaft temperiert werden, damit er seine Vorzüge voll entfalten kann.

Leichte Weißweine	8–12°C
gehaltvoll, würzig (z. B. Châteauneuf-du-Pape weiß)	10–12°C
Süßwein (muscat)	8– 9°C
Rosé trocken	8–12°C
Rosé süßlich	8–10°C
Rotwein, leicht, jung	12–13°C
Rotwein körperreich	15–16°C

Wein ist in ganz Frankreich das Nationalgetränk, und dies ganz besonders im Süden. Roger Vergé, einer der großen provenzalischen Köche, weiß, welchen Einfluß Temperatur, Ort und Ambiente auf den Rebensaft haben: „Man muß den Wein unbedingt kühl servieren und nicht zu knapp, und den Tisch in den Schatten eines Baumes stellen.“ Dann haben die beiden alten Herren ja alles richtig gemacht.

Feste feiern heißt fröhlich essen und trinken

Traditionen und Bräuche in der Provence sind eng mit dem Kulinarischen verbunden. Es gibt kaum ein Fest, an dem man sich nicht zusammensetzt, um zu essen. Dabei werden heidnische Bräuche mit christlichen Festen, den Jahreszeiten und vielen Traditionen verbunden.

Der **Dreikönigstag** am 6. Januar ist das erste Fest des Jahres. Wie vielerorts wird auch hier ein Dreikönigskuchen gebacken. Im Kreise der Familie wird er von einem Kind gesegnet und in Stücke geteilt. Das erste Stück ist für einen „Armen", Notleidenden bestimmt. Die bei uns übliche Mandel oder Bohne im Kuchen, der aus Briocheteig gebacken wird, ersetzt man in der Provence durch eine kleine Krippenfigur, den *santon*.

Dann geht der Reigen der Feste weiter am 16. Januar zu Ehren von **Saint-Marcel**, einem Papst. Nach der Messe wird das Fleisch eines Ochsen nach einem bestimmten Ritual verteilt. Dieser Brauch ist auf eine Hungersnot zurückzuführen, während der dieses Tier wie ein Wunder plötzlich erschienen ist.

Das Fest **Chandeleur**, die Lichtmeß, hat besonders in Marseille eine große Bedeutung. Symbole bei diesem Fest sind Schiffe, deshalb werden für diesen Tag die kleinen *navettes* gebacken, trockene Biskuits in Schiffsform, die sich lange aufbewahren lassen. Man kauft nach der Messe jeweils zwölf Stück davon, für jeden Monat des Jahres eines.

Der 5. Februar ist der Tag von **Saint-Agathe.** Diese Heilige soll die Kälte in ihrem Sack mitnehmen. Sie wird von einer alten Frau symbolisiert, die auf einem Esel mit einem leeren Sack von Tür zu Tür reitet. An diesem Tag ißt man *le pain de Sainte-Agathe,* einen kleinen Kuchen in Form einer Frauenbrust.

Karneval wird am *mardi gras*, dem **Fastnachtsdienstag**, mit üppigem Essen gefeiert, dem letzten Tag vor der Fastenzeit, die ja bekanntlich bis Ostern dauert. Da wird noch einmal tüchtig zugegriffen. In Marseille ißt man die *pieds et paquets* (Kalbsfüße mit Kuteln) und krönt das Mahl mit ausgebackenen Küchlein.

Am Palmsonntag werden Kichererbsen gekocht, wofür es verschiedene Erklärungen gibt. Eine davon besagt, daß während einer Hungersnot ein Schiff, das mit Kichererbsen beladen war, vor der Küste Schiffbruch erlitt und so die Bevölkerung vor dem Verhungern zu retten vermochte. An diesem Tag wurden auch die Palmwedel mit allerlei Süßigkeiten behängt, was die Kirche nicht gerne sah und schließlich verbot.

Wie fast überall kommt an **Ostern** den Eiern eine besondere Bedeutung zu. Nach einer Legende sollen Eier, die am Karfreitag gelegt wurden, nie verderben, sondern austrocknen und hart wie Steine werden. Man legt sie dann in die Schränke, um die Wäsche zu pflegen. Auch erscheinen Eierspeisen, die während der Fastenzeit verboten waren, wieder auf dem Tisch. Am Karsamstag werden Ostereier gesegnet, die man am Ostersonntag verteilt. Am Ostermontag ist ein Speckomelett ein absolutes Muß.

An **Pfingsten** haben Konditoren in Marseille vor einigen Jahren einen neuen Brauch eingeführt. Sie verkaufen einen Kuchen, den *colombier,* in den eine kleine Taube aus Porzellan eingebacken wurde. Wer das Kuchenstück mit der Taube erhält, wird sich im Laufe des Jahres verheiraten. Am Pfingstmontag gibt es Bankette, bei welchen man Châteauneuf-du-Pape aus einem Meßkelch trinkt.

An **Allerheiligen** gedenkt man, wie überall, der Toten. Ihnen wird abends ein Essen gewidmet. Es besteht aus Kastanien und *vin cuit*, einem besonderen Süßwein. Die Schalen der Kastanien und die Reste des Mahles verbleiben dann auf dem Tisch. Sie sollen die Verstorbenen, die als Geister ihr ehemaliges Haus besuchen, ernähren. Dasselbe geschieht an Heiligabend, wo man sich hütet, vor der Mitternachtsmesse den Tisch abzuräumen.

Die Provenzalen sind sehr stolz auf ihre Geschichte, Traditionen, Sitten und Bräuche.
Oben und rechts oben: Trachten und Uniformen in Saint-Tropez bei der alljährlichen Bravade, einem Fest zu Ehren des Stadtheiligen Tropes.
Links: Die Frauen und Mädchen von Arles in ihrer traditionellen Tracht. Alle drei Jahre wird aus ihren Reihen die Königin von Arles gewählt.
Rechts unten: Der provenzalische Stierkampf course à la cocarde ist mehr Geschicklichkeitsspiel und Wettlauf mit der Zeit als Kampf um Leben und Tod. Die razateurs müssen innerhalb einer festgelegten Zeit die am Kopf der Stiere befestigten Kokarden entfernen, um das Preisgeld kassieren zu dürfen.

Das savoir vivre, *die Kunst des gemächlichen, entspannten Lebensstils, kennt auch das richtige Verhältnis zwischen Arbeit und Erholungspausen. Selbst auf dem Feld hat man Zeit und Muße für die angenehmen Dinge des Lebens.*

Für **Weihnachten** werden bereits Ende November die ersten vorweihnachtlichen Zeichen gesetzt. Die typischen Krippenfiguren, *santons* genannt, werden an improvisierten Ständen angeboten. Es sind liebevoll gestaltete und farbenfrohe, provenzalisch gekleidete Hirten, Marktfrauen, Händler und Handwerker, die Gaben wie Knoblauch, Pissaladière, Geflügel, Gemüse, Früchte oder ein Käslein tragen. Auch Maria und Josef dürfen dabei nicht fehlen. In den noch echten *mas*, den Bauernhäusern, wird zu dieser Jahreszeit bereits an der Krippe gebastelt. Jedes Jahr wird sie durch neue *santons*, Schafe, Esel und Rinder bereichert. Am Heiligen Abend werden alle Figuren um die noch leere, strohbelegte Krippe versammelt. Das Jesuskind darf erst nach Mitternacht hineingelegt werden, dann begibt man sich in der Regel zu Tisch. Ist der Besuch der Mitternachtsmesse vorgesehen, wird das Mahl vielerorts vorgezogen, damit man gestärkt durch den pfeifenden Mistral zur Kirche gehen kann.

Der 24. Dezember ist ein besonderes Erlebnis in der Provence. Wer diese Gegend liebt, sollte sie auch zur Weihnachtszeit einmal besuchen. Da vergißt man den bei uns üblichen Rummel und das Gehetze. Die wunderbare Landschaft unter blauem, klarem Himmel, die Sonne und die Ruhe sind geradezu wohltuend. Die *caléna*, das provenzalische Weihnachtsfest, ist immer noch ein echtes, traditionelles Fest, auch was das Essen anbetrifft. Am Heiligabend gibt es den *gros souper*, ein fleischloses, aber reichhaltiges Essen. Der traditionell gedeckten Tafel kommt symbolische Bedeutung zu. Sie wird mit drei verschieden großen weißen Tischtüchern bedeckt, von denen das größte unten, das kleinste oben liegt. Dazu stellt man drei Kerzenstöcke. Weizenkörner oder Linsen werden am 4. Dezember zum Keimen vorbereitet und am Heiligen Abend unter die Leuchter gelegt. Sie werden *blé de Sainte-Barbe* genannt und sollen für das kommende Jahr Glück bringen. Das Menü besteht aus sieben Gängen, die die sieben Wunden von Christus symbolisieren. Danach werden die traditionellen dreizehn Desserts serviert. Das Mahl beginnt mit einer *anchoïade*, einer heißen Sauce aus Sardellen, Knoblauch und Olivenöl, in welche Stangensellerie oder anderes rohes Gemüse am Tisch hineingetunkt wird. Oft gibt es auch eine *aïoli* mit Schnecken und gekochtem Gemüse. Danach kommt das *gratin de cardes*, ein überbackenes distelartiges Gemüse. Das *pièce de résistance* besteht aus *morue en raïto*, gesalzenem Kabeljau, der nach dem Entsalzen gebraten und an einer Tomaten-Knoblauch-Sauce mit Kapern und gehackten Cornichons serviert wird. Den Abschluß bilden die traditionellen dreizehn Desserts, wie Weinbeeren, Feigen, Mandeln, Haselnüsse, Walnüsse. Dörrobst, *mendiants*, also Bettler genannt, wie etwa Birnen, Äpfel, Zwetschgen, sowie dunkler und heller Nougat, Konfitüren aus Quitten und Wassermelonen, alles in einem schönen Korb präsentiert und von der *pompe à l'huile* oder *fougasse* begleitet, einem einfachen Hefefladen mit Orangenaroma, zu dem gerne ein Gläschen Muskateller oder Kirschenratafia getrunken wird. Heute wird diese Dessertauswahl noch erweitert durch Beigabe von Mandarinen, Orangen, kandierten Früchten, Datteln, frischen Melonen, *oreillettes* (ausgebackenen Küchlein) oder *calissons*, dem zarten Mandelgebäck aus Aix-en-Provence. Am nächsten Tag geht das Schlemmen weiter. Zuerst wird mittags die *aïgo boulido*, eine Knoblauchsuppe, serviert, der man viel wiedergutmachende Wirkung zuschreibt. Darauf folgt ein einfacher Selleriesalat, der den Gaumen darauf vorbereitet, die *dinde de Noël* zu genießen. Dieser Truthahn oder auch eine Truthenne wird mit Kalb- und Schweinefleisch, Kastanien sowie Trüffeln gefüllt.

Übrigens wird in der Provence eine hübsche weihnachtliche Legende erzählt. Die Jungfrau Maria soll auf ihrem Weg nach Bethlehem eine Dattelpalme gesehen haben. Entzückt rief sie aus: „O les beaux fruits“, weil ihr die Früchte dieses Baumes so gut gefielen. Seither tragen die Steine der Datteln auf der einen Seite ein O.

Aus dem vollen schöpfen

Die Provence-Küche bezieht ihre Vielfalt fast nur aus den Produkten des eigenen Landes.

Fleisch à la provençale

Rind: Wie in vielen anderen Gegenden Frankreichs wird kräftiges Rindfleisch in der Provence sehr geschätzt, vor allem in der Camargue und im Rhônetal. Das bekannteste Rindfleischgericht ist die *daube* oder auch die *estouffade*. Beides sind Schmorgerichte, die je nach Rezept mit Rot- oder Weißwein und sehr oft auch mit Gemüse zubereitet werden. Zarte Stücke des Rindes werden heute gerne gegrillt, wobei natürlich das Würzen dem Grillgut die besondere Note gibt. Auch die Verwendung von Rebenholz gilt als besonders exklusiv und gibt einem Stück aus der Hochrippe oder einem Zwischenrippenstück ein Aroma, das mit der herkömmlichen Holzkohle nicht erreicht werden kann. Aus Rindfleisch werden auch *paupiettes*, kleine und große, auf verschiedene Arten gefüllte Rouladen zubereitet, die man meistens mit kräftigen dunklen Saucen serviert. Rindfleisch wird auch als Suppenfleisch geschätzt.

Kalb: Wo Rinder sind, gibt es auch Kälber. Diese Fleischsorte hat aber in der Provence einen geringeren Stellenwert. Bei der Zubereitung dieses als etwas fade geltenden Fleisches spielt die Verwendung von Kräutern, Knoblauch, Oliven und Tomaten die entscheidende Rolle.

Lamm und Schaf: Das beliebteste Fleisch in der Provence stammt vom Lamm oder Schaf. Nicht umsonst wurde es von großen Dichtern und Schriftstellern der Provence besungen. Mistral hat so auch die Schafskarbonade *carbonnade de mouton* in seinem „Poème du Rhône“ erwähnt. Wer über die Route Napoléon in die Provence fährt und einmal nicht auf der Autobahn dem Süden zurast, sollte in der Gegend von Sisteron einen Halt einschalten und vom köstlichen Lamm versuchen. Am besten schmeckt eine Keule, *gigot* genannt, die am Spieß oder im Ofen gebraten wird. Wer gerne den ausgeprägten Geschmack liebt, wird Schaf wählen; andere, denen dieses Fleisch zu kräftig ist, können dem Lamm zusprechen, das hier außerdem besonders zart ist und auch als Sattel, Karree oder Koteletts serviert wird. Andere Stücke des Schafes werden zu aromatischen Schmorgerichten verarbeitet und je nach Gegend mit ganz verschiedenen Zutaten bereichert. Knoblauch, Olivenöl, Kräuter und Wein sind immer dabei. Das bei uns vor allem bekannte „Lamm à la provençale“, bei welchem das Fleisch mit geriebenem Brot, Kräutern und Knoblauch bedeckt wird, trifft man eigentlich in der Provence selten an. Man liebt den Naturgeschmack dieses Fleisches sehr und möchte es nicht mit einer Panade zudecken. Zur Osterzeit wird Zicklein ähnlich zubereitet.

Schwein: Wie in jeder rustikalen Küche ist auch das Schwein in der Provence vertreten. In ländlichen Gegenden werden beim Schlachten kräftig gewürzte Würste hergestellt. Beim Metzger findet man auch alle üblichen Teile dieses Tieres zum Braten, Grillen oder Schmoren. Viele Fleischgerichte, vor allem gefüllte Koteletts und Hackfleisch, werden gerne in Schweinsnetz gehüllt und so schonend gebraten. Schweinefleisch wird auch mit Tomaten, Paprikaschoten und anderen Gemüsen für Eintopfgerichte verwendet.

Innereien für Kenner: Im Zubereiten von Innereien sind die Köche der Provence wahre Meister. Da wimmelt es von Rezepten für *caillettes* und *crépinettes*, beides Gerichte mit Hackfleisch, welche in ein Schweinsnetz gepackt und dann gebraten werden. Dafür gibt es unzählige Mischungen aus Leber, manchmal auch Milz, Bauchspeicheldrüse, Nierchen, Speck, Kräutern, Brot und Knoblauch, die den Feinschmecker entzücken. Besonders beliebt dafür sind die Innereien vom Lamm, aber auch die von Schwein und Kalb.

Tapénade

100 g Sardellenfilets, 200 g schwarze Oliven, 1 Knoblauchzehe, 50 g Kapern, 50 ml Olivenöl, Saft von 1 Zitrone, 1 TL englisches Senfpulver, je 1 Prise Thymian-, und Lorbeerpulver, 3 EL Marc oder Cognac nach Belieben, schwarzer Pfeffer aus der Mühle

Sardellen 10 Minuten in kaltes Wasser einlegen. Oliven entsteinen, gut abgetropfte Sardellen, Oliven, Knoblauch und Kapern mit dem Wiegmesser hacken. In einem Mörser zu einer gleichmäßigen Masse verarbeiten. Unter Rühren Öl und Zitronensaft zufügen. Zuletzt Senf, Thymian- und Lorbeerpulver, Marc oder Cognac unterrühren. Mit Pfeffer nachwürzen. Schmeckt als Beilage zu kaltem Fleisch oder Fisch oder auch als Horsd'œuvre, oder zu einem Glas Wein oder zum Aperitif auf gebutterten Toasts. Als Füllung für hartgekochte Eier schmeckt sie besonders gut. Dafür Eigelb passieren, mit Tapénade mischen und mit dem Spritzbeutel wieder vorsichtig in die Eihälften spritzen.

Tomatensauce

Für etwa 2 Liter:
3–4 kg reife, fleischige Freilandtomaten, Salz, 1–2 Lorbeerblätter

Tomaten gut waschen, abtrocknen. Halbieren, entkernen und die Schnittflächen mit etwas Salz bestreuen. 1 Stunde ziehen lassen, danach Tomaten mit Schnittflächen nach unten auf ein Sieb legen und gut austropfen lassen. Früchte kleinschneiden und portionsweise in eine schon erhitzte, große Pfanne geben. Unter Rühren kochen, Tomaten dabei etwas zerdrücken. Sobald etwas Flüssigkeit verdampft ist, Tomatenmus durch ein Sieb passieren. Wieder in den Topf geben, Salz zufügen und noch etwas einkochen. Einmachgläser mit Glasdeckel, Gummi und Bügelverschluß oder Twist-off-Gläser in einen großen Topf mit Wasser geben und Wasser langsam erhitzen, damit die Gläser vorgewärmt sind. Lorbeerblatt entfernen. Tomatensauce in die heißen Gläser einfüllen, vorgewärmte Deckel aufsetzen und gut verschließen.

Weitere Spezialitäten werden aus *gras-double* und *tripes* zubereitet. Beides sind Kaldaunen oder auch Kutteln genannt, die in vielen Variationen auf den Tisch kommen. Am bekanntesten sind die *pieds et paquets* nach Marseiller Art. Die Zubereitung dieses besonderen Gerichtes ist nur jenen zu empfehlen, die genügend Geduld und Zeit aufbringen. Lammnieren und Lammfüße werden stundenlang gesäubert. Danach werden Kuttelstücke mit einer Mischung aus Magerspeck, Lammdärmen, Knoblauch und Petersilie gefüllt und zu Beuteln geformt. Diese zusammengeschnürten Bündel werden zusammen mit den Lammfüßen und mit Speck, Zwiebeln, Karotten und Wein stundenlang geschmort, und zwar vorzugsweise in heißer Asche und in einem dicht verschlossenen Topf, der mit einem mit Rotwein gefüllten Suppenteller beschwert wird. Aber auch einzeln werden sowohl Kutteln als auch Füße zubereitet, je nach Region mit Tomaten, Oliven, Kräutern oder anderen typischen Zutaten. Am bekanntesten und bei „Kuttelungewohnten" am beliebtesten sind die Kutteln nach Art von Nizza. Sie werden mit Tomaten, Zwiebeln, Olivenöl, Knoblauch und Weißwein zubereitet und danach mit Käse bestreut. Kalbs- oder Kuhleber oder noch lieber Leber vom Lamm wird mit Zwiebeln, Kapern und Tomaten gedünstet und beim Anrichten mit einer Knoblauch-Kräuter-Mischung und Kapern bestreut. Nierchen sind besonders gut, sie sollten rasch gebraten und mit Champignons, Petersilie und Knoblauch gemischt werden. Beliebt sind auch Kalbskopf und Rindszunge sowie entbeinte, in Teig ausgebackene Lammfüße.

Geflügel, Kaninchen und Wild

Geflügel: In der Provence begegnet man auf den Speisekarten auch Geflügelsorten, die bei uns nicht oder nur selten vorkommen. Von Schwalben, Krammetsvögeln, Wachteln, Schnepfen, Tauben über Enten, Perlhühnern und Hähnchen bis hin zum Truthahn ist alles zu haben. Spezialitäten sind vor allem die *grives* (Krammetsvögel), die in der Jagdsaison gerne zu Pasteten und Terrinen verarbeitet werden. In der Drôme, der Gegend um Montélimar, sind Perlhühner besonders beliebt. Meistens werden sie einfach gebraten, wie übrigens die Hähnchen auch. Aber je nach Gegend findet man sie auch zusammen mit aromatischen Saucen.

Kaninchen: Hauskaninchen werden auch in der Provence gehalten. In der echten Provence-Küche nimmt man sie vor allem für Ragouts. Raffinierte Köche bereiten aus dem Kaninchenrücken neue delikate, mit Salbei oder Bohnenkraut gewürzte Spezialitäten zu.

Wildkaninchen: Wilde Kaninchen sind eine Rarität geworden. Wer das Glück hat, einen *lapin de garenne* essen zu können, sollte zugreifen. Diese früher massenhaft im Niederholz lebenden Wildkaninchen haben ein besonders aromatisches und saftiges Fleisch.

Wildhasen: Im Herbst und im Winter gibt es in der Provence oft *salmis* oder *civets*. Diese Gerichte werden ähnlich zubereitet wie bei uns Wildpfeffergerichte.

Pasta und Reis – Einflüsse aus Italien

Teigwaren: In der Gegend von Nizza bis hin zur italienischen Grenze, also bis Menton, werden auch Teigwaren geschätzt. Da gibt es Ravioli und Canneloni gefüllt mit pikanten Mischungen, die wiederum provenzalischen Charakter haben. Auch verschiedene *gnocchi* gibt es, die im Dialekt der Gegend seit Generationen *inhoc* genannt werden. Diese können sowohl aus Grieß, Mehl oder Kartoffeln zubereitet sein. Klassisch sind die vielen Makkaronigerichte aus Nizza, die ihre typische Note den Tomaten oder Sardellen verdanken. Übrigens erheben die Leute in Nizza den Anspruch, die Ravioli erfunden zu haben. Sie heißen heute *railloles*, eine Bezeichnung, die von dem uralten Namen *ralhôla* abgewandelt wurde. Von Monaco bis Menton sind sogar Spaghetti beliebt, die provenzalisch gewürzt und oft auch gratiniert werden. Die klassische Beilage zu Teigwaren ist Tomatensauce.

Reis: Da und dort taucht auch ein Risotto, *rizoto* genannt, auf. Solche Reisgerichte enthalten Zutaten wie *ragoût fin* oder *fricassée à la financière,* sie werden mit wenig Béchamel oder einer anderen Sauce leicht gebunden. Reis wird in der Camargue angebaut, an Bedeutung gewinnt heute der rote Naturreis aus dieser Gegend.

Eier in Variationen

Nie werde ich eines meiner ersten kulinarischen Erlebnisse in Saint-Tropez vergessen. Ich entdeckte mit einem Freund zufällig ein kleines Bistro, in dem die Besitzerin Fifine für eine kleine Anzahl Gäste ihr Tagesmenü zubereitete. Da gab es nichts zu diskutieren, und wem es nicht paßte, der konnte wieder gehen. Wenn ihr die Gäste sympathisch waren und sie Zeit hatte, konnte man ihr *une omelette* entlocken. Allerdings mußte man sich eine Stunde vorher bei ihr melden und mit knurrendem Magen spazierengehen, bis das Meisterwerk endlich auf dem Tisch erschien. Mich mochte sie besonders gern, so konnte ich ihr das wohlgehütete Rezept entlocken und sogar bei der Zubereitung ihres Omeletts zusehen. In einer riesigen Eisenpfanne dünstete sie unter ständigem Wenden Zwiebeln, Auberginen- und Zucchinischeiben, Tomaten und Paprikaschoten in Olivenöl und würzte diese Mischung mit Knoblauch, Salz, Pfeffer und einigen Pfefferminzblättern. Das Ganze wurde mit verquirlten Eiern gemischt und zu einem goldenen, herrlich duftenden Omelett gebacken. Noch heute ist „Omelette Fifine" eines meiner Lieblingsgerichte und ein Beispiel dafür, wie aus den einfachsten Zutaten ein herrliches Gericht entstehen kann. So gibt es in der Provence eine Unzahl von Omeletts oder Gerichten aus Rührei, die je nach Gegend mit typischen Produkten gefüllt oder garniert werden: im Rhônetal mit schwarzen Trüffeln aus dem Tricastin, an den Küsten des Mittelmeeres mit Fisch und Meeresfrüchten, in der Camargue mit *boutargue*, das sind die gesalzenen Eier der Meeräsche, in der Nähe von Cavaillon und Avignon mit Spargel, in Nizza, Aix und Antibes mit Tomaten und Sardellen, in der Haute-Provence mit Kräutern oder *tapénade* (Olivenpaste), und überall über die Provence verstreut mit der klassischen Ratatouille, mit Champignons, Artischocken, Zwiebeln, Spinat, Thunfisch aus der Dose, Kartoffeln und anderen, gerade aktuellen Gemüsen.

Käse von Ziege und Schaf

In der Provence werden Käse vorwiegend aus Schafs- oder Ziegenmilch hergestellt. Die bekanntesten Sorten kommen aus Banon. Es sind Schafskäse, die in Kastanien- oder Walnußblätter eingehüllt und mit Marc aus der Provence befeuchtet werden. Dann gibt es die *brousses*, frische Ziegenkäse, die sehr rasch verzehrt werden müssen und am Tisch je nach Geschmack mit Pfeffer oder Zucker bestreut werden. Weitere Schafs- und Ziegenkäse gibt es in verschiedenen Größen, Variationen und Reifestadien. Frisch werden sie gerne mit Kräutern und Knoblauch angemacht, in etwas reiferem Stadium in Olivenöl, Kräutern und Gewürzen eingelegt oder auch heiß auf Knoblauchbrot serviert. Sehr reife Käse sind nicht jedermanns Sache. Ich habe mir sagen lassen, daß Schafhirten in den Alpilles sie erst essen, wenn Maden sichtbar werden und behaupten, daß sie erst dann ihr Aroma voll entfalteten. Aber das ist bestimmt mehr Dichtung als Wahrheit. In Nizza praktiziert man mit alten Käsen, die nicht zur richtigen Zeit konsumiert wurden, eine Art Resteverwertung. Man gibt sie in einen Steinguttopf oder in ein großes Konservenglas, begießt sie mit Cognac oder anderen Spirituosen, bestreut sie mit Pfeffer und knetet das Ganze ab und zu durch, bis ein stark riechendes Püree entsteht. Dieses ergibt nach einer gewissen Zeit einen sehr pikanten Brotaufstrich. In dem entsprechenden Rezept wird empfohlen, wegen des aufdringlichen Geruchs das Gefäß gut verschlossen zu halten. Es soll für diese Zubereitung fanatische Liebhaber geben!

Käse einmal anders

Ziegenkäslein in Kräutermarinade

Für 1 Konservenglas von 1 Liter Inhalt:
Je 1 Sträußchen Thymian und Bohnenkraut, 1 Zweig Rosmarin, flache Käslein, um das Glas locker zu füllen, 8 schwarze Pfefferkörner, kaltgepreßtes Olivenöl zum Auffüllen, wenig kaltes Olivenöl zum Servieren

Kräuter bei Zimmertemperatur etwas trocknen lassen. Dann mit den Käslein in das Glas füllen. Pfefferkörner etwas zerdrücken und beifügen. Mit Olivenöl auffüllen, gut verschließen und etwa 1 Woche marinieren lassen. Aus dem Glas nehmen, abtropfen lassen, mit wenig frischem Olivenöl beträufeln und mit schwarzem Pfeffer aus der Mühle bestreuen. Mit frischem Bauernbrot servieren.

Frischer Ziegenkäse mit Kräutern

4 kleine, frische Ziegenkäse, 2 Schalotten, 1 EL Sahne, 1 EL Marc oder Cognac, 3 EL gemischte Kräuter (Basilikum, glattblättrige Petersilie, Kerbel, Bohnenkraut), 2 EL kaltgepreßtes Olivenöl oder Pfefferschotenöl, Salz, Peffer aus der Mühle, 1 Prise gemahlener Koriander

Ziegenkäse von der Rinde befreien, kleinschneiden und mit einer Gabel zerdrücken. Schalotten hacken und mit der Sahne unter den Käse mischen. Marc oder Cognac zugeben und alles gut mischen. Kräuter mit dem Olivenöl oder mit Pfefferschotenöl (Rezept S. 21) verrühren. 30 Minuten stehenlassen. Mit dem Käse mischen und mit Salz, Pfeffer und Koriander abschmecken. Die Mischung im Kühlschrank zugedeckt mindestens 1 Tag durchziehen lassen. Zu kleinen Käslein oder Nocken formen und mit Baguette servieren.

Warmer Ziegenkäse auf Knoblauch

2 EL Olivenöl, 4 Scheiben Baguette, 2 Knoblauchzehen, 4 Scheiben Ziegenkäse, Pfeffer aus der Mühle

Olivenöl erhitzen. Brotscheiben 1 1/2 cm dick abschneiden und in dem Olivenöl rösten. Brotscheiben sollen höchstens hellgelb werden. Herausnehmen, mit durchgepreßtem Knoblauch beträufeln und auf ein Backblech legen. Käse darüber verteilen. Bei Oberhitze im Backofen oder unter der Heizspirale des Grills überbacken, bis der Käse schmilzt. Er darf keine Farbe annehmen. Mit viel Pfeffer aus der Mühle bestreuen. Sofort direkt aus dem Ofen servieren.

Frischkäse mit Oliven und Kapern

100 g schwarze Oliven, 1 EL Kapern, 1 EL kaltgepreßtes Olivenöl, 300 g Frischkäse, 1 mittelgroße rote Zwiebel, schwarzer Pfeffer aus der Mühle

3/4 der Oliven entsteinen, kleinschneiden und im Mixer oder im Cutter mit den abgetropften Kapern und dem Olivenöl pürieren. Mit dem Frischkäse mischen, in eine Schüssel geben und kaltstellen. Zwiebel in feine Ringe schneiden. Käse vor dem Servieren damit garnieren. Mit Pfeffer abschmecken. Restliche ganze Oliven darüber verteilen.

Anstelle von Oliven kann man auch gehackte Sardellenfilets zufügen und mit etwas Kreuzkümmel abschmecken.

Man kann den Frischkäse auch mit 80 g Tapénade (Rezept S. 41) mischen, wenn man diese Paste gerade vorrätig hat. Das geht schnell und schmeckt auch sehr gut, allerdings auch noch etwas pikanter.

Süßes aus Früchten und Blüten

In Apt begann man bereits Ende des 14. Jahrhunderts mit der Herstellung von kandierten Früchten. Sie waren bereits berühmt, als die Päpste in Avignon Einzug hielten. Im Mittelalter wurden diese in konzentriertem Sirup eingelegten und anschließend kandierten Früchte *épices de chambre*, also wörtlich übersetzt „Zimmergewürze" genannt. Es handelte sich damals vor allem um Pflaumen, Aprikosen, Zedrat, Pistazien, Pinienkerne und Mandeln. Heute werden auch andere Früchte kandiert wie Kirschen, Melonen, Mandarinen, Orangen. Man kann solche kleingewerblichen Betriebe in einigen Orten besuchen.

Beliebt sind auch Kirschen oder andere in Spirituosen eingelegte Früchte, die man am Familientisch oder in kleinen, guten Restaurants als süßen Abschluß eines Essens angeboten bekommt. In vielen Konditoreien gibt es süße lokale Spezialitäten. Die bekanntesten sind die *calissons* in Aix-en-Provence. Es lohnt sich nicht, diese kleinen Köstlichkeiten zu Hause herzustellen. Man bekommt sie in perfekter Qualität im Handel. Sie werden aus Puderzucker, gemahlenen Mandeln, kandierten Orangen, Aprikosen und Eiweiß zu schiffchenförmigen Gebilden geformt und auf Oblaten im heißen Ofen getrocknet. Man sagt, daß man sie nicht länger im Ofen lassen darf als man benötigt, um ein Ave zu beten.

Das Verlangen der Provenzalen nach Süßem wird auch durch die vielen verschiedenen Sorten von Konfitüren und hausgemachten Likören gestillt. Außer den bei uns üblichen bekannten Sorten gibt es auch Konfitüren aus grünen oder roten Tomaten, Auberginen, Wassermelonen und weniger bekannten Früchten wie Reineclauden und köstlichen frischen Feigen.

Verschiedene Früchte und Beeren wie etwa schwarze Johannisbeeren, Stachelbeeren, Himbeeren und Brombeeren werden nicht nur zu Konfitüren verarbeitet, sondern auch zu Fruchtpasten gekocht, getrocknet, in Formen geschnitten und in Zucker gewälzt. Diese *pâtes de fruits* haben ein herrliches Aroma und gehören zu meinen liebsten Süßigkeiten aus der Provence.

Honig: Im Winter begnügt man sich mit Dörrobst, kandierten Früchten, Honig oder schätzt kleine Süßigkeiten wie den Nougat, die *calisson d'Aix*, ein spezielles Mandelkonfekt aus Aix-en-Provence, oder bestenfalls einen lauwarm servierten Apfelkuchen. Der Honig ist die Basis vieler kleiner Süßwaren oder Törtchen, der meistens zusammen mit Mandeln verwendet wird.

Seit Menschengedenken leben Bienen wild in den *garrigues* der Provence, wo sie ihren Nektar aus den Blüten der Kräuter sammeln. Bereits zu Beginn des Neolithikums kamen die Menschen auf die Idee, diese wilden Stämme einzufangen. Die Nester wurden leicht ausgeräuchert, um die Bienen einzuschläfern. Danach transportierte man die Waben nach Hause, wo die Bienen wieder erwachten und in der nächsten Umgebung auf die Suche nach Blüten gingen. Bald bemerkte man auch, daß die Art der Blüten sowohl die Farbe, die Konsistenz wie auch das Aroma des Honigs beeinflussen. Der heute am meisten geschätzte Provence-Honig ist dick und hell, am beliebtesten ist er mit Lavendelaroma. Thymianhonig ist dunkler und besonders stark im Geschmack. Ferner gibt es noch Rosmarin-, Lindenblüten- und auch Pinienhonig sowie Mischsorten. Ein großer Teil des Honigs wird vor allem in der Gegend von Montélimar für die Herstellung von *nougat* verwendet.

Desserts

Natürlich werden in guten Restaurants in der Provence auch spezielle Desserts serviert. Dabei handelt es sich oft um klassische Zubereitungen des berühmten Auguste Escoffier, der in Villeneuve-Loubet in der Nähe von Antibes geboren wurde und zu dessen Ehren dort ein Museum errichtet worden ist. Er kreierte vor allem für berühmte Damen süße Desserts wie die „Pêche Melba" oder die Erdbeeren „Sarah Bernhardt". Allgemein beliebt sind auch

Früchtekuchen mit herrlichem Mandel- oder Blätterteig in vielen saisonalen Variationen. Interessant ist ein süßer Spinatkuchen, und besonders gut schmeckt der Kürbiskuchen mit Mandeln. Erfrischend sind die verschiedenen Fruchtsorbets, die oft *vin de muscat* enthalten. Übrigens schmeckt ein Gläschen dieses Süßweines hervorragend zu süßen Nachspeisen.

Allerlei Gebäck

Küchlein und Kuchen: Wie bei uns wird in der Provence gerne gebacken. Besonders an Festtagen und zu besonderen Gelegenheiten gibt es traditionelles Gebäck. Da sind die vielen verschiedenen Küchlein, die schwimmend im Fett ausgebacken werden. Dann die zarten Akazienblüten, die zuvor in Teig getaucht werden, oder die rustikalen Kekse und Kuchen dürfen natürlich auch nicht fehlen. Als Fett verwendet man dafür statt Butter Olivenöl, was dem Gebäck einen spezifischen Geschmack verleiht.

Brot: Überall in Frankreich liebt man frisches, knuspriges Brot. So sieht man auch in der Provence die Leute mit einer *baguette* unter dem Arm vor dem Mittagessen nach Hause eilen. Das Weißbrot spielt bei den Franzosen als Beilage zu allen Gerichten eine große Rolle. Die Bäcker verkaufen aber auch rustikales Brot aus Halbweiß- und Vollmehl und Spezialbrote mit Nüssen, die zu Käse besonders gut passen. Um gutes Brot zu backen, müssen die Bäcker früh aufstehen. Jedenfalls erlebte ich das in Saint-Tropez, wo ich regelmäßig um drei Uhr morgens aus dem Schlaf geweckt wurde, weil der Bäcker im Nebenhaus seine Teigstücke mit Schwung einzeln auf die Waage warf, bevor sie in den Ofen kamen. Aber bald gewöhnte ich mich an diesen Lärm und holte mit doppelter Freude nach ein paar Stunden das herrlich duftende, noch warme Brot aus seiner Backstube. Natürlich gibt es auch in der Provence Brotfabriken. Aber auch dort muß morgens in aller Frühe gebacken werden, denn die Provenzalen verschmähen Brot vom Vortag.

Konfitüre aus der Provence

Wassermelonenkonfitüre

Für etwa 1,5 kg:
1 große Wassermelone, 800–1000 g Zucker, Saft von 1 Zitrone, 1/2 Vanilleschote, 1 Stück dünn abgeschälte Zitronenschale

Wassermelone vierteln. Schale, Kerne und alle Fasern entfernen. Melonenfleisch in Würfel schneiden und in ein Sieb geben, 30 Minuten abtropfen lassen. Melonenwürfel wiegen. Pro Kilogramm Melonenfleisch 750 g Zucker nehmen. Würfel mit Zucker mischen und 1 Stunde ziehen lassen. Zusammen mit Zitronensaft, aufgeschlitzter Vanilleschote und Zitronenschale in einen Topf geben. 1–1 1/2 Stunden bei kleiner Hitze kochen, oft umrühren. Nach 1 Stunde eine Gelierprobe machen. Vanilleschote entfernen. Masse in vorgewärmte Gläser füllen und verschließen. Man kann die Melonenwürfel auch mit halbierten Orangenfilets mischen.

Frische Feigenkonfitüre

Für etwa 2 kg Konfitüre:
1–1 1/2 kg nicht zu weiche weiße Feigen, 1/4 Liter frischgepreßter Traubensaft, 1 kg Zucker, Saft von 1 Zitrone, 1/2 aufgeschlitzte Vanilleschote

Feigen gut abreiben, nicht waschen. Von jeder Feige vertikal alle 1 cm einen Streifen abschälen. Innere, weiße Haut nicht verletzen. Traubensaft, Zucker und Zitronensaft mit der Vanilleschote 5 Minuten bei starker Hitze kochen, bis ein Sirup entsteht. Sobald sich größere Blasen bilden, 4–5 ganze Feigen zufügen. Sobald Sirup wieder kocht, weitere Feigen zugeben. Bei kleiner Hitze weiterkochen, bis die Feigen nach etwa 1 1/2 Stunden glasig aussehen. Schaum immer wieder abschöpfen. Vanilleschote entfernen und Konfitüre in Gläser füllen und verschließen.

Grüne Tomatenkonfitüre

Für etwa 1,5 kg:
1,5 kg kleine, grüne Tomaten, 750–1000 g Zucker, 1 kleine Limette

Tomaten in kochendes Wasser tauchen, kalt abspülen, Haut abziehen. Tomaten in Schnitze schneiden, Kerne entfernen und Tomaten auspressen. Mit Zucker mischen und 24 Stunden durchziehen lassen. Limette gut waschen, in sehr dünne Scheiben schneiden und mit Tomaten 45 Minuten unter Rühren bei kleiner Hitze kochen. In Gläser füllen und sorgfältig verschließen. Man kann auch Konfitüre mit reifen Tomaten zubereiten. Dafür Tomaten mit dem Zucker ziehen lassen. Anstatt der Limette etwas abgeriebene Zitronenschale zugeben. Man braucht die Tomaten nicht zu schälen. Vor dem Abfüllen kann man sie passieren, damit die Häute zurückbleiben. Nochmals aufkochen, abfüllen und verschließen.

Kürbiskonfitüre

Für etwa 2,5 kg:
1 Kürbis oder Kürbisstücke von ca. 2 kg, 1 kg Zucker, 2 unbehandelte Zitronen, 1/2 TL Zimt

Kürbis schälen, Kerne entfernen und Fleisch in kleine Würfel schneiden, wiegen. Pro Kilogramm Kürbis 1 kg Zucker nehmen. Zitronen heiß waschen und gut abreiben, dann in sehr dünne Scheiben schneiden und diese vierteln. Kürbiswürfel, Zitronenscheiben, Zimt und Zucker lagenweise in eine Kasserolle einfüllen. 12 Stunden ziehen lassen. Unter Rühren 30–40 Minuten bei kleiner Hitze zu Konfitüre kochen. Ab und zu abschäumen. In Gläser füllen und verschließen. Man kann auch Cavaillon-Melonen auf diese Art einkochen, dann etwas weniger Zucker nehmen.

Für Feinschmecker, die es noch genauer wissen wollen

Es wäre müßig, in diesem Buch Adressen von Restaurants bekanntzugeben. Alles ist leider dem Wechsel unterworfen, und was ich heute für gut befinde, kann unter Umständen morgen enttäuschend sein. Aus Erfahrung möchte ich empfehlen, für die echte provenzalische Küche abseits der Heerstraßen der Touristen kleine Dörfer aufzusuchen und sich am Ort nach dem besten Restaurant oder Bistro zu erkundigen. Alle Provenzalen essen gerne und können die besten Adressen vermitteln. Das kann auch der Metzger oder der Besitzer eines der noch zahlreichen kleinen Lebensmittelgeschäfte sein. Die teuersten Restaurants sind nicht immer die besten. Auch in den Hotels kann man gut beraten werden.

Verläßliche Hinweise gibt immerhin auch der Guide Michelin, vor allem, wenn es um Sterne-Restaurants geht. In einigen Restaurants kreieren Spitzenköche aus alten, traditionellen Rezepten hervorragende neue Spezialitäten mit den Erzeugnissen des Landes. Viele dieser neuen Gerichte können wirklich begeistern. Führend ist immer noch Roger Vergé in Mougins, der auch Bücher über seine *cuisine du soleil* veröffentlicht hat.

Wer sich für die kulinarische Provence interessiert, hat in dieser Gegend viele Möglichkeiten, sich mit den Produkten des Landes und deren Zubereitungen auseinanderzusetzen. Mit entsprechenden Französischkenntnissen kann man mit den Einheimischen nicht nur charmante, sondern auch sehr aufschlußreiche Gespräche rund um den Kochtopf führen. Wer es nicht wagt, Marktfrauen, Köche oder andere auf diesem Gebiet versierte Personen anzusprechen, kann auch mit den Augen und dem Gaumen vieles aufnehmen.

Abwechslungsreich und daher besonders interessant ist die Provence daher, weil jede ihrer Regionen etwas ganz Spezielles bieten kann. Man muß nur die Augen offenhalten. Da und dort kann man bei seinen Streifzügen eine Pause einschalten, um Gemüse-, Obst- und Weinkulturen zu besichtigen. Hier ein paar Hinweise, die mir zu viel Neuem und Aufschlußreichem verhalfen. Gezielte Tips für Städte und Dörfer, wo man gewerbliche Betriebe besichtigen oder auch ausgezeichnete regionale Produkte kaufen kann.

Gap: Herstellung von kandierten Früchten, Kauf von guten Wurstwaren aus Lamm- und Schaffleisch.

Castellane: Produktion von Lavendel-, Rosmarin- und Thymianhonig.

Sisteron: Hier wird das beste Lammfleisch angeboten. Verkauf von Lavendelhonig und dem daraus hergestellten Nougat.

Grasse: Bekannt für Oliven, Mandeln, kandierte Früchte und Orangenblüten, traditionelles Gebäck wie die *pompe* und die *fougasette*, die an Festtagen gegessen werden.

Montélimar: Honig und daraus hergestellter Nougat in allen Variationen.

Grillon: Frische schwarze Trüffeln und Trüffelkonserven.

Cavaillon: Anbau von Spargel und Melonen. Besichtigung von Produktionsbetrieben.

Carpentras: Wichtiger Markt für Trüffeln, Melonen, Erdbeeren und eine süße Spezialität, die *berlingots*.

Sault: Hervorragende Trüffeln und Steinpilze.

Banon: Berühmt für seine Ziegenkäse. Besichtigung von handwerklichen Betrieben.

Aix-en-Provence: Herstellung eines ausgezeichneten Mandel-Honig-Gebäckes, den *calissons*, dessen Herstellung man in lokalen Konditoreien besichtigen kann. Hervorragendes Olivenöl.

Maussane: Berühmt für sein hervorragendes Olivenöl.

Martigues: Produktion der *boutargue*, das ist der gesalzene Rogen der Meeräsche.

Salernes: Herstellung von Kräuterspezialitäten, Konfitüren, aromatischem Olivenöl und vielen anderen Provence-Produkten, etwa den ganz speziellen kleinen Feigen.

Nizza: Besichtigung des Musée Masséna: interessante Dokumente über die Eßkultur der Gegend.

Moustiers-St-Marie: Forellen und Aale aus den Gewässern der Gegend. Fayence-Manufakturen mit einem Museum.

Marseille: Zentrum der Herstellung von Pastis, dem weltbekannten französischen Apéritif mit Anisgeschmack.

Leider kann diese Aufzählung auch nur ein Streifzug sein, denn die Seitenzahlen dieses Buches sind beschränkt.

Dennoch möchte ich hier noch empfehlen, eines der zahlreichen Weingüter zu besuchen. Stellvertretend auch für andere, sei hier eines besonders erwähnt, weil dort nicht nur die gängigen und bekannten Weine gekeltert, sondern auch unbekanntere Spezialitäten gepflegt werden. Es ist die „Domaine des Planes“ in Roquebrune-sur-Argens oberhalb von Fréjus. Die Besitzer sind Schweizer, sprechen Deutsch und geben Interessenten erschöpfend Auskunft über alle Fragen des Weinbaus in der Provence.

Salate und Vorspeisen

Gemischter grüner Salat

Mesclun

Drei Blattsalate müssen dabei sein, und zwar je nach Saison Löwenzahn, Frisée, junger, zarter Lattich, krause Endivie, bei uns vielleicht auch Feldsalat, Brunnenkresse oder Portulak. Dazu etwas Gartenkresse und frische Kräuter wie Bohnenkraut, glattblättrige Petersilie, Kerbel und Estragon. Um die Osterzeit wird dieser Salat mit halben hartgekochten Eiern garniert.

Je 100 g von 3 verschiedenen Blattsalaten, 50 g Gartenkresse, 1 Sträußchen glattblättrige Petersilie, 1 Sträußchen Kerbel, 2–3 Zweige Estragon oder Bohnenkraut

Die Salate, Gartenkresse und Kräuter putzen, waschen und abtropfen lassen. Estragon und Kerbel sorgfältig vom Stiel zupfen, alle anderen Kräuter ganz lassen und vorsichtig unter die Salatblätter mischen.

Honig-Vinaigrette:
1 Knoblauchzehe, Salz, 2 EL Zitronensaft, 1 EL Weinessig, 1/2 TL Honig, 6 EL kaltgepreßtes Olivenöl, 1 TL Senfsamen, schwarzer Pfeffer aus der Mühle

Salatschüssel mit der angeschnittenen Knoblauchzehe ausreiben. Salz mit Zitronensaft, Essig, Honig, Öl und Senfsamen verrühren. Salat mit wenig Salz und Pfeffer bestreuen und vor dem Servieren Sauce daruntermischen.

Vinaigrette mit Nüssen und Mandeln:
2 EL roter Weinessig von bester Qualität, Salz, 4 EL Walnußöl, 1 EL Traubenkernöl, 1 kleine Knoblauchzehe, weißer Pfeffer aus der Mühle, 1 EL Walnußkerne, 1 EL Mandelblättchen

Essig mit Salz, Öl, durchgepreßtem Knoblauch und Pfeffer verrühren. Mit Salatblättern und Kräutern mischen und mit gehackten Walnußkernen bestreuen. Mandelblättchen rösten und darüberstreuen.

Zweifarbiger Bohnensalat

Haricots en salade

Dieser pikante Salat aus zwei Bohnensorten kann auch mit den delikaten *fèves*, den Puffbohnen, zubereitet werden. Dann sollte man nur die Hälfte der Sardellen verwenden, den Essig durch Zitronensaft ersetzen und die scharfe Pfefferschote weglassen, damit sich der zarte Geschmack der Puffbohnen voll entfalten kann. Wenn keine frischen weißen Bohnen erhältlich sind, kann man auch getrocknete Bohnen weichkochen und für diesen Salat verwenden oder, was sehr schnell geht, einfach weiße Bohnen ohne Sauce aus der Dose nehmen. Dieser Salat wird zum Hauptgericht, wenn man leicht zerdrückten Ziegenkäse oder Thunfisch dazugibt.

300 g frische weiße Bohnen, 300 g feine oder mittelfeine grüne Bohnen, Salz, 2 Zweiglein Bohnenkraut, 2 Sardellenfilets, 2 EL gehackte Schalotten oder Zwiebeln, 1 TL gehackte scharfe Pfefferschote, je 1 1/2 EL gehackte Petersilie, Kerbel und Bohnenkraut.
Für die Sauce: *2 EL Weinessig, Salz, 6 EL kaltgepreßtes Olivenöl, Pfeffer*

Weiße Bohnen enthülsen, von den grünen die Fäden entfernen. Beide Sorten separat in Salzwasser mit dem Bohnenkraut knapp weichkochen. Abgießen und grüne Bohnen mit sehr kaltem Wasser abspülen. Sardellenfilets feinhacken. Mit Schalotten oder Zwiebeln, Pfefferschote und der Hälfte der Kräuter mischen. **Für die Sauce:** Essig mit etwas Salz verrühren. Olivenöl dazumischen. Mit den beiden Bohnensorten mischen und mit Pfeffer bestreuen. Mindestens 30 Minuten bei Zimmertemperatur durchziehen lassen. Vor dem Servieren mit den restlichen Kräutern bestreuen.

JAMES
Netto inhalt

Salat nach Art von Nizza

Salade niçoise

Wer kennt diesen Salat nicht. Er wird so ziemlich überall in Europa in den verschiedensten Varianten aufgetischt. Aber in Nizza wacht man streng über die richtige Zusammensetzung. Verpönt ist, irgendwelche Gemüse, die noch im Kühlschrank sind, darunterzumischen. Es sollen auch weder grüne Bohnen noch Kartoffeln hineingehören, obwohl das gut schmecken kann. Auch Essig sollte man nicht verwenden. Bei der Salzbeigabe muß man vorsichtig sein, da Sardellen schon gesalzen sind.

Mein Tip: Ich schneide die Gurken nicht in Scheiben, sondern ziehe mit dem Kartoffelschäler lange Streifen ab, bis die Kerne zum Vorschein kommen. Nach dem Salzen lasse ich die Streifen gut abtropfen und mische sie unter den Salat. So sind sie besonders frisch und zudem noch kernlos.

4 große, feste Freilandtomaten, Salz, 1 kleine Gurke, 2 grüne Paprikaschoten, 2 kleine Zwiebeln oder 4 Frühlingszwiebeln, 50 g eingelegte schwarze Oliven, je nach Saison 250 g frische Puffbohnen oder 4 Artischockenherzen in Salzlake eingelegt, 8 Sardellenfilets oder 1 kleine Dose Thunfisch, schwarzer Pfeffer aus der Mühle, 6 EL kaltgepreßtes Olivenöl, 8 Basilikumblätter, 4 hartgekochte Eier

Die Tomaten in 6 oder 8 Schnitze schneiden. In eine Schüssel legen und mit Salz bestreuen. Die Gurke schälen und in dünne Scheiben schneiden, mit Salz bestreuen und ziehen lassen. Tomaten und Gurken gut abtropfen lassen. Die ganzen Paprikaschoten unter die Heizspirale des Grills legen oder im Backofen bei Oberhitze rösten, bis die Haut braune Flecken bekommt, danach in eine Schüssel legen, zudecken und sobald sie abgekühlt sind, Haut abziehen. Die Paprikaschoten halbieren, entkernen und in etwa 2 cm breite Streifen schneiden.

Die Zwiebeln in Ringe schneiden. Die Oliven entsteinen. Alle Zutaten in eine Schüssel geben oder auf einer Platte anrichten.

Die Puffbohnen enthülsen und das harte Häutchen sorgfältig entfernen. Roh unter den Salat mischen oder vorher ganz kurz in Salzwasser blanchieren und abtropfen lassen.

Die Sardellenfilets in Stücke schneiden, wenn Sie Thunfisch verwenden, diesen abgießen und mit einer Gabel etwas lockern. Über dem Salat verteilen.

Salat mit Pfeffer bestreuen und mit Olivenöl begießen. Die Basilikumblätter etwas zerzupfen und zum Salat geben. Die hartgekochten Eier vierteln und auf dem Salat anrichten.

Bei Verwendung von Artischockenherzen diese gut abtropfen lassen und mit den Eiern auf dem Salat verteilen.

Linsensalat

Salade de lentilles

Linsen sind in Südfrankreich sehr beliebt. Besonders im Winter werden sie gerne zusammen mit Zwiebeln, Speck oder Sardellenfilets, Knoblauch und manchmal mit Tomatensauce gekocht. Ganz besonders mag ich den Linsensalat, der als Ergänzung zu verschiedenen kleinen Vorspeisen gereicht wird oder auch als Beilage zu gegrilltem Lamm paßt.

Für 6–8 Personen:
300 g getrocknete Linsen, 1 große Zwiebel, 1 Lorbeerblatt, 2 Nelken, 3 Knoblauchzehen, 1 Zweig Thymian, 4 Petersilienzweige, 1 Selleriezweig, 2 Zweiglein Bohnenkraut, 4 Karotten, Salz, Pfeffer.
Für die Sauce: *1/2 TL scharfer Senf (Dijon), 1 EL roter Weinessig, Salz, 3–4 EL kaltgepreßtes Olivenöl, schwarzer Pfeffer aus der Mühle, 1/2 EL gehackte Petersilie, 1/2 EL gehacktes Bohnenkraut*

Linsen am Vorabend in lauwarmem Wasser einweichen. Zwiebel mit Lorbeerblatt und Nelken spicken. 1 Liter Wasser mit der Zwiebel, 2 ungeschälten Knoblauchzehen und den Kräutern aufkochen. Linsen hineingeben und 45 Minuten ohne Deckel kochen. Ab und zu abschäumen. Karotten schaben, sehr fein würfeln und zugeben. 15–30 Minuten weiterkochen, bis die Linsen gar sind. Sie sollen noch etwas Biß haben und dürfen nicht zerfallen. Mit Salz und Pfeffer abschmecken. Linsen abgießen. Zwiebel, Knoblauch und Kräuter entfernen. Salatschüssel mit einer angeschnittenen Knoblauchzehe ausreiben.
Für die Sauce: Senf, Essig und Salz verrühren. Mit den noch lauwarmen Linsen vermischen. Vor dem Servieren mit dem kaltgepreßten Olivenöl begießen, mit Pfeffer und den gehackten Kräutern bestreuen.
Diesen Salat nie direkt aus dem Kühlschrank servieren.

Schalottenkonfitüre mit Honig

Compote d'échalotes au miel

Auberginenkaviar

Le caviar d'aubergines

Schalottenkonfitüre mit Honig

Eine aparte Beilage zu rustikalen Terrinen, Schinken oder ganz einfach als Vorspeise zusammen mit anderen kleinen Happen oder auf einem Provence-Buffet. In der Provence verwendet man dafür gerne die kleinen, grauen Schalotten, weil sie mehr Geschmack haben als andere große Sorten. Auf dem Wochenmarkt in Arles habe ich zwölf Sorten Schalotten kennengelernt. Man kann auch Zwiebeln, am besten von der roten Sorte, auf diese Art einkochen.

1 kg Schalotten, 350 ml guter Rotwein (Côtes de Provence), 1 EL Rotweinessig, 100 g Rohrzucker, 100 g Bienenhonig, 1 Lorbeerblatt, 2–3 Nelkenköpfchen, 1 Zweig Selleriekraut, 1 Zweig Petersilie, 1 Orange, 2 EL Olivenöl, Salz, Pfeffer, Cayennepfeffer

Die braune oder graue Schale der Schalotten entfernen. Den Wurzelansatz abschneiden, ohne daß die Schalotten auseinanderfallen. Kleine Schalotten ganz belassen, größere längs halbieren. Alle Zutaten außer Salz, Pfeffer und Cayennepfeffer mit der dünn abgeschälten Orangenschale in einen hohen Topf geben. Wasser zugeben, bis die Schalotten mit Flüssigkeit bedeckt sind. Bei kleiner Hitze langsam erwärmen. Auf die niedrigste Temperatur herunterschalten. Etwa 2 Stunden einkochen. Von Zeit zu Zeit umrühren. Es soll eine dicke Konfitüre entstehen, so daß die Schalotten von der sirupartigen Flüssigkeit ganz überzogen sind. Die Gewürze und Kräuter entfernen und mit Salz, Pfeffer und Cayennepfeffer pikant abschmecken. Die Konfitüre in Gläser mit Bügelverschluß oder Twist-off-Gläser füllen und erkalten lassen. Angebrochene Gläser wieder gut verschlossen im Kühlschrank aufbewahren.

Auberginenkaviar

Dieses pikante Auberginenpüree kann als Vorspeise in hübschen Portionsschälchen angerichtet und zusammen mit Toast und Butter serviert werden. Ebenso lecker schmeckt es als Füllung in kleinen Tomaten.

1 kg Auberginen, Salz, 2 Frühlingszwiebeln oder 3 Schalotten, 6 Knoblauchzehen, 3 EL Olivenöl, 2 EL gehackte Petersilie, Saft von 1 Zitrone, 100 ml kaltgepreßtes Olivenöl, Pfeffer

Ein großes Backblech mit Alufolie auskleiden. Die Auberginen vom Stielansatz befreien und längs halbieren. Die Schnittfläche mit Salz bestreuen, nach 10 Minuten kalt abspülen. Mit der Schnittfläche nach unten auf das Blech legen. Bei 150 °C etwa 1 Stunde im Backofen garen, bis das Auberginenfleisch weich ist. Das Auberginenfleisch mit einem kleinen Löffel aus der Schale nehmen. Im Mixer pürieren. Mit feingehackten Zwiebeln oder Schalotten, durchgepreßtem Knoblauch, Olivenöl, Petersilie und Zitronensaft mischen. Nach und nach das Olivenöl unterrühren. Mit Salz und Pfeffer abschmecken. Sehr kalt servieren. Auberginenkaviar läßt sich 2–3 Tage aufbewahren.

Creme aus gesalzenem Kabeljau

Brandade de morue

Die Brandade schmeckt als Appetithäppchen zwischendurch oder zum Apéritif. Sollte sie gerinnen, kann sie mit ein bis zwei Eßlöffel kochender Milch im Mixer gerettet werden.

Für 6 Personen:
500 g gesalzene Kabeljaufilets.
Für den Sud: *1 Zwiebel, 3–4 Pfefferkörner, 1 Lorbeerblatt, 1 Stück Orangenschale, 1 Zweig Petersilie, 1 Zweig Sellerie, Salz. 1/4 Liter Milch oder süße Sahne, 1/4 Liter Olivenöl, weißer Pfeffer, Muskatnuß, 1 TL abgeriebene Zitronenschale, Saft von 1/2 Zitrone, 1–2 schwarze Trüffeln nach Belieben, 3 Scheiben Toastbrot, 2 EL Olivenöl zum Rösten der Brotscheiben*

Kabeljaufilets in 2–3 Stücke schneiden. In kaltem Wasser 24 Stunden wässern, bis der Fisch weich ist. Wasser mehrmals wechseln. **Für den Sud:** Alle Zutaten mit 1 Liter Salzwasser aufkochen. Fisch hineingeben und 3 Minuten ziehen lassen, vom Feuer nehmen. 12 Minuten zugedeckt nachziehen lassen, nicht mehr kochen. Fisch abkühlen lassen, aus dem Sud nehmen, Haut und Gräten sorgfältig entfernen.

Milch oder Sahne erwärmen, aufkochen und warmhalten. Fisch zerzupfen und im Mörser zerstoßen. In einem Topf mit dickem Boden erwärmen. Teelöffelweise Öl zugeben, dabei immer mit einem Holzlöffel abwechselnd etwas heiße Milch oder Sahne zugeben. Kräftig weiterrühren, bis eine glatte Masse entsteht. Mit Salz, Pfeffer, Muskatnuß, Zitronenschale und -saft abschmecken. Nach Belieben die gehackten Trüffeln untermischen. Brot in kleine Dreiecke schneiden und im Olivenöl beidseitig rösten, Brandade auf den Brotscheiben oder auf Toasts anrichten.

Kalte Paprikaschoten mit Tomaten

Compote de poivrons aux tomates

Hier handelt es sich nicht um ein Kompott, wie wir es in unseren Breitengraden verstehen. Das Gericht verdankt seine Bezeichnung den dreifarbigen Paprikaschoten, die schön gemischt in ihrem eigenen Saft liegen. In der Provence gibt man diesem Kompott oft Zwiebelstreifen zu. Ich finde das Gericht ohne besser. Auch werden die Paprikaschoten und die Tomaten sehr lange gekocht, was ich ein wenig schade finde, deshalb wurde die Garzeit hier reduziert. Man kann die Knoblauchzehen vor dem Servieren entfernen oder vor dem Beigeben durchpressen.

Für 6–8 Personen:
Je 2 rote, grüne und gelbe Paprikaschoten, 500 g reife, feste Tomaten, 2 EL Olivenöl, 3 Knoblauchzehen, 2 Zweiglein Thymian, 4 Basilikumblätter, Salz, schwarzer Pfeffer aus der Mühle, 1–2 EL kaltgepreßtes Olivenöl

Ganze Paprikaschoten in den Backofen geben und unter der Heizspirale oder im Grill rösten, bis die Haut braune Flecken bekommt. In ein Gefäß legen, mit einem Tüchlein abdekken und etwas abkühlen lassen. Haut abziehen, Früchte halbieren, entkernen und in Vierecke schneiden.

Tomaten kurz in kochendes Wasser tauchen, dann schälen, vierteln, entkernen und etwas auspressen. Olivenöl erhitzen. Die vorbereiteten Gemüse mit zerdrückten Knoblauchzehen, Thymian und Basilikumblättern hineingeben. Unter öfterem Wenden 8–10 Minuten dünsten. Das Gemüse darf nicht zerfallen. Mit Salz und Pfeffer abschmecken. Bei Küchentemperatur erkalten lassen, mit dem kaltgepreßten Olivenöl beträufeln.

Fleischpastete mit Kräutern

Terrine aux herbes de Provence

Zu den Horsd'œuvres oder auf ein kaltes Buffet gehört in der Provence eine rustikale Pastete.

2 EL gemischte Kräuter (Rosmarin, Basilikum, Bohnenkraut, Thymian, Majoran, Salbei, Kerbel, wenig Fenchelkraut), 3 EL gehackte Petersilie, 3 EL gehackter Spinat (eventuell tiefgekühlt), 2 Knoblauchzehen, 1 EL Butter, 300 g Schweinefleisch, 300 g Kalbfleisch, 600 g fetter Speck, 2 EL Marc oder Cognac, Salz, Pfeffer aus der Mühle, 1 Prise Korianderpulver, 100 g Magerspeck, 1 Lorbeerblatt, 1 kleines Zweiglein Rosmarin

Kräuter, Petersilie, gut ausgedrückten Spinat und durchgepreßte Knoblauchzehen in der Butter 5 Minuten dünsten. Fleisch in Würfel schneiden und mit dem fetten Speck durch die mittlere Scheibe des Fleischwolfes drehen. Mit Marc oder Cognac, Salz, Pfeffer und Koriander gut abschmecken. Eine Terrinenform mit Magerspeckscheiben auslegen. Masse einfüllen. Form mehrmals auf ein zusammengefaltetes Tuch schlagen, damit keine Luftlöcher zurückbleiben. Masse gut andrücken. Lorbeerblatt und Rosmarin darauflegen. Form mit Alufolie bis über den Rand hinaus gut abdecken. In der Mitte der Alufolie ein kleines Loch anbringen. Den Deckel der Form aufsetzen. Terrine in ein Wasserbad stellen und 1 1/2–1 3/4 Stunden auf dem Herd oder im Ofen bei 140 °C garen. Das Wasser soll nur leicht köcheln. Pastete frühestens nach 1–2 Tagen servieren. Zum Servieren nach Belieben Speck vorher entfernen und Pastete in die Form zurückgeben. Senkrechte Scheiben abschneiden und herausheben. Bauernbrot oder Baguette und Butter passen gut dazu.

Eierflan mit Kräutern und Tomaten

Flans aux œufs et aux tomates

Wo Hühner sind, gibt es auch Eier. So auch in der Provence. Hier weiß man viel mit diesem Produkt anzufangen. Die meisten Eiergerichte haben eine provenzalische Note und werden gerne mit den Produkten der Gegend zubereitet: mit den schwarzen Trüffeln des Tricastin, den Oliven, den duftenden Kräutern der Haute-Provence, mit Tomaten und anderen südlichen Gemüsen, Sardellen, Spinat und je nach Saison mit Sauerampfer und Spargel. Als Hauptgericht rechnet man zwei Flans pro Person, als Vorspeise genügt einer.

Für 8 Souffléförmchen von 7 cm Durchmesser:
8 Eier, 150 ml süße Sahne, 8 EL geriebener Käse (Greyerzer oder Comté), 1 TL Butter für die Förmchen, 500 g geschälte Tomaten, 2 EL Butter, 2 EL gehackte Zwiebeln, Salz, weißer Pfeffer, 1 Prise Zucker, 1 Knoblauchzehe, 2 EL frischgehackte Kräuter (Petersilie, Kerbel, Thymian)

Die Eier mit Sahne schaumig schlagen. Mit Käse mischen. Souffléförmchen mit Butter ausstreichen. Eiermischung einfüllen. In eine Auflaufform stellen, halbhoch heißes Wasser eingießen, mit Backtrennpapier abdecken und Eiermischung 30–35 Minuten bei 150 °C im vorgeheizten Backofen garen. Tomate in kleine Würfel schneiden. 1 Eßlöffel Butter erhitzen, Zwiebeln kurz darin braten. Tomaten zufügen und beides zu einem Mus einkochen. Mit Salz, Pfeffer, Zucker und der durchgepreßten Knoblauchzehe abschmecken. Kräuter in der restlichen Butter aufschäumen lassen. Flans auf vorgewärmte Teller stürzen. Etwas Tomatenmus dazugießen, mit Kräutermischung bedecken und heiß servieren.

Überbackene gefüllte Eier

Berlingueto

Diese gratinierten Eier sind eine Spezialität aus der Gegend von Carpentras.

50 g Weißbrot ohne Kruste, 6 EL Milch, 8 Eier, 500 g Spinatblätter, Salz, Pfeffer, 1 Salbeiblatt, 4 EL Olivenöl, 4 Sardellenfilets, 1 Knoblauchzehe, 1 EL gehackte Petersilie, 1 EL gehacktes Basilikum, 100 g frisch geriebenes Weißbrot vom Vortag

Brot in Stücke brechen und in der Milch einweichen. Die Eier 8 Minuten kochen, kalt abschrecken, schälen, dann längs halbieren, Eigelb herauslösen. Spinatblätter putzen, waschen und ohne Flüssigkeit in einem Topf erhitzen, bis sie zusammenfallen. Gut ausdrücken, mit Salz, Pfeffer und gehacktem Salbeiblatt abschmecken. 2 Eßlöffel Olivenöl erhitzen. Spinat darin dünsten, bis alle Flüssigkeit verdampft ist. Spinat in einer flachen Auflaufform verteilen. Eingeweichtes Brot ausdrücken. Sardellenfilets hacken. Zusammen mit den Eigelb und dem Brot fein zerdrücken. Masse mit dem durchgepreßten Knoblauch, 1 Eßlöffel Olivenöl und Kräutern mischen. Mit Salz und Pfeffer nachwürzen. Eier mit dieser Mischung füllen. Mit der gefüllten Seite nach unten auf den Spinat legen. Mit Brot bestreuen und dem restlichen Olivenöl beträufeln. 8 Minuten bei 250 °C im vorgeheizten Backofen überbacken.

Zu diesem Rezept gibt es mehrere Varianten: Etwas gehackten Spinat unter die Füllung mischen, den Rest vom Spinat auf dem Boden der Gratinplatte verteilen und Eier wie beschrieben darauflegen und überbacken. Oder das geriebene Brot mit geriebenem Käse vermischen oder Eier mit einer weißen Sauce mit gehackten Zwiebeln und Käse überziehen und mit oder ohne geriebenes Brot überbacken.

Suppen und Eintöpfe

Kürbissuppe

Soupe de courge

Wenn man im Spätsommer oder im Herbst einen Markt in der Provence besucht, sieht man die wunderschönen orangeroten Kürbisse, die eine herrliche Suppe ergeben. Ab und zu wird der Kürbis auch durch einen riesengroßen Zucchino ersetzt, denn es ist Brauch, daß die Bauern einen Zucchino pro Pflanze reifen lassen, bis er fast einen Meter lang und mehrere Kilogramm schwer wird. Dann heißt die Suppe *soupe de courgette.*

Für 6 Personen:
1 1/2 kg Kürbis, 3 Zwiebeln, 2 EL Olivenöl oder Schweineschmalz, 1 Knoblauchzehe, 1 Kräutersträußchen (Petersilie, Basilikum, Majoran, Kerbel), 1–2 Salbeiblätter, 2 Liter Wasser oder Gemüsebrühe, 100 g Reis, Salz, Pfeffer, 1 Prise Zimt, 1 EL kaltgepreßtes Olivenöl, 100 g Parmesankäse

Kürbis schälen, in breite Schnitze schneiden, Kerne entfernen und in Würfel schneiden. Zwiebeln feinhacken und in Olivenöl oder Schweineschmalz anbraten, Knoblauch dazupressen. Kürbiswürfel zugeben und mitdünsten, bis sie fast weich sind. Das Kräutersträußchen mit dem Salbei zugeben und mit Wasser oder Gemüsebrühe begießen. Im offenen Topf 30 Minuten leicht kochen lassen. Das Kräutersträußchen entfernen. Die Suppe passieren. Das Püree wieder in den Topf geben, dann Reis einstreuen. 15 Minuten weitergaren. Mit Salz, Pfeffer, Zimt und kaltgepreßtem Olivenöl abschmecken. Sollte die Suppe zu dick geraten, mit etwas Gemüsebrühe verdünnen. Parmesankäse frisch reiben und dazu servieren.
Als Alternative kann man anstelle von Reis 200 g Kartoffeln verwenden, sie werden zusammen mit dem Kürbis gekocht und durchpassiert. Die Zwiebeln lassen sich auch durch zarten Lauch ersetzen.

Gemüsesuppe mit Basilikumpaste

Soupe au pistou

Gemüsesuppe

Das ist die herrliche Gemüsesuppe der Provence. Sie wird wegen des Basilikums vor allem im Sommer zubereitet. Die Gemüse können variieren, aber drei Bohnensorten, und zwar weiße und rote, eventuell auch getrocknete, und frische grüne gehören hinein. Wird kein *pistou* hineingegeben, heißt diese Suppe ganz einfach *soupe aux légumes*, also Gemüsesuppe.

Für 6–8 Personen:

200 g frische weiße Bohnen oder Puffbohnen, 200 g frische rote Bohnen, 250 g frische grüne Bohnen, Salz, 4 geschälte Tomaten, 1–2 Lauchstengel, 4 große Zwiebeln, 250 g Kartoffeln, 200 g Karotten, 4 kleine Zucchini oder 600 g Kürbis, 3 EL Olivenöl, 4–5 Petersilienstiele, 2 Liter Fleischbrühe oder Wasser, 80 g grobe Fadennudeln, feine Spaghetti oder kleine Makkaroni, 1mal die Rezeptmenge Basilikumpaste

Weiße und rote Bohnen enthülsen. Bei Verwendung von Puffbohnen diese ebenfalls enthülsen und die Häutchen entfernen. Grüne Bohnen von den Fäden befreien und vierteln. Alle Bohnen in kochendes Salzwasser geben und kurz aufkochen, dann abgießen. Tomaten halbieren, entkernen, auspressen und kleinschneiden. Lauch feinschneiden und Zwiebeln hacken. Kartoffeln schälen, Karotten schaben und zusammen mit den geputzten, aber ungeschälten Zucchini in kleine Würfel schneiden. Falls Sie Kürbis verwenden, diesen zuerst schälen und entkernen. Zwiebeln und Lauch im Olivenöl andünsten. Drei kleingeschnittene Tomaten zugeben und kurz dünsten. Kartoffeln, Karotten und gehackte Petersilie zugeben, alles mischen, Fleischbrühe oder Wasser angießen. 45 Minuten zugedeckt bei kleiner Hitze kochen, dann erst die Zucchini oder den Kürbis, Bohnen und Teigwaren zufügen. 15 Minuten ohne Deckel weiterkochen lassen.

Basilikumpaste in eine Suppenschüssel geben. Mit etwas Brühe gut verrühren. Suppe daraufgießen und gut umrühren. Sofort in Suppenteller oder -tassen verteilen. Restliche Tomatenwürfel roh darübergeben. Man kann noch geriebenen Käse zur Suppe servieren.

Im Winter verwendet man am besten getrocknete Bohnen. Sie können auch Bohnen und geschälte Tomaten aus der Dose verwenden, auch eingemachte Basilikumpaste ist erlaubt. Konservierte Basilikumpaste gibt geschmacklich nicht viel her. Wird die Suppe ohne Basilikumpaste zubereitet, kann man sie mit etwas Salbei, zerzupften Basilikumblättern und geriebenem Käse abschmecken. Die Teigwaren lassen sich durch 80 Gramm Reis ersetzen.

Basilikumpaste

Paßt auch gut zu gegrilltem oder gebratenem Fleisch.

Für 6 Personen:

3–4 Knoblauchzehen, 1 Handvoll frische Basilikumblätter, 100 g Parmesan, 4 EL kaltgepreßtes Olivenöl, Salz, Pfeffer aus der Mühle

Knoblauch schälen, in den Mörser geben und jede Zehe etwas zerdrücken. Basilikum waschen, gut abtropfen lassen und auf einem Küchentuch sorgfältig trocknen. In Stücke reißen, zum Knoblauch geben und beides zusammen fein zerstoßen. Käse frisch reiben, zugeben und alles gut mischen. Danach langsam Öl zufügen, dabei rühren, damit es von den übrigen Zutaten aufgesogen wird. Paste mit Salz und Pfeffer abschmecken. Die Paste erst beim Anrichten hinzufügen und auf keinen Fall kochen.

Eier-Bouillabaisse

Bouillabaisse borgne

Eine Bouillabaisse ist nicht immer eine Fischsuppe. Im Landesinneren verwendet man dafür die verschiedensten Zutaten. In diesem Rezept spielen die Eier die Hauptrolle. Oft nennt man diese Variante auch Bouillabaisse *borgne*, das heißt „blinde Bouillabaisse".

2 Lauchstangen, 1 große Zwiebel, 2 EL Olivenöl, 3 große reife Tomaten, 3 Knoblauchzehen, 1 Selleriezweiglein, 1 Thymianzweiglein, 1 Lorbeerblatt, 1/2 TL Fenchelsamen, 1 Stück Orangenschale, 4 große Kartoffeln, 1 Liter Gemüsebouillon, 1 Prise Safranfäden oder Safranpulver, 8 Eier, 4 dünne Brotscheiben, 2 EL gehackte glattblättrige Petersilie

Lauch putzen und in feine Rädchen schneiden. Zwiebel halbieren und in feine Scheiben schneiden. Beides im Olivenöl anbraten, bis die Zwiebeln gelblich werden. Tomaten kurz in kochendes Wasser tauchen, Haut abziehen, Tomaten halbieren, ausdrücken und in kleine Würfel schneiden. Tomaten zum Lauch geben, Knoblauch dazupressen, kurz dünsten, bis der Tomatensaft verdunstet ist. Sellerie, Thymian und Lorbeerblatt zu einem Sträußchen binden. Mit dem Fenchelsamen und der Orangenschale dazugeben. Kartoffeln schälen, in 3 mm dicke Scheiben schneiden, dazugeben und alles gut mischen. Mit Gemüsebouillon bedecken. Kochen, bis die Kartoffeln gar sind. Safran 5 Minuten vor Ende der Kochzeit zugeben. Kartoffeln mit der Schaumkelle herausnehmen. Eier einzeln in Tassen aufschlagen und in die kochende Bouillon gleiten lassen. 3–4 Minuten ziehen lassen. Brotscheiben leicht rösten. In Suppenteller legen. Kräutersträußchen aus der Suppe fischen. Kartoffelscheiben in Teller verteilen, je 2 Eier daraufsetzen. Mit der Suppe begießen und mit Petersilie bestreuen.

Bouillabaisse mit roter Pfeffer-Knoblauch-Sauce

Bouillabaisse et rouille

Bouillabaisse

Bei den Fischern und vielen Köchinnen der Provence ist die Zugabe von Meeresfrüchten für die Bouillabaisse verpönt. Verschiedene Fischsorten haben unterschiedliche Garzeiten. Geben Sie festfleischige Stücke zuerst ins Wasser, dann erst die zarteren Fische und Fischscheiben.

Für 6–7 Personen:

Für die Marinade: *2 Zwiebeln, 1 Lauchstange, 2 kleine Tomaten, 150 ml Olivenöl, 4 Knoblauchzehen, 2 Lorbeerblätter, 1/2 TL Fenchelsamen, 1 Stück Orangenschale, je 1 Zweiglein Thymian und Bohnenkraut, 2 kleine, scharfe rote Pfefferschoten, Salz, Pfeffer.*

3 kg Meerfische (roter oder grauer Drachenkopf, Petersfisch, Wittling, Seeteufel, Meeraal, Knurrhahn, Stöcker), 4 kleine Kartoffeln nach Belieben, 1 Prise Safranfäden, rote Pfeffer-Knoblauch-Sauce, 6–7 dünne Weißbrotscheiben

Für die Marinade: Zwiebeln in feine Streifen, Lauch in feine Rädchen und Tomaten in Viertel schneiden. Olivenöl erhitzen, Zwiebeln, Tomaten und Lauch im Öl leicht Farbe annehmen lassen. Knoblauch mit dem Messer zerdrücken. Lorbeerblätter, Fenchelsamen, Orangenschale, Thymian, Bohnenkraut und entkernte Pfefferschoten zufügen. Alles gut mischen, kurz weiterdünsten, dann mit Salz und Pfeffer bestreuen. Erkalten lassen.

In der Zwischenzeit Fische ausnehmen und gut waschen. Köpfe abschneiden und spalten, auf diese Art geben sie in der Bouillon mehr Aroma ab. Flossen wegschneiden und Fische je nach Größe in Scheiben oder Stücke teilen. Fischstücke in die Marinade geben, gut mischen und 4–5 Stunden ziehen lassen. Kartoffeln schälen, waschen und vierteln. Fische mit Marinade und Kartoffeln in einen Topf geben. Kaltes Wasser auffüllen bis 2 cm unterhalb der Fische. Bei großer Hitze aufkochen lassen und 6–8 Minuten sprudelnd kochen, dann Hitze reduzieren. Safran beifügen und 8–10 Minuten weitergaren. Inzwischen rote Pfeffer-Knoblauch-Sauce zubereiten und Weißbrotscheiben toasten. Fische mit dem Schaumlöffel aus der Suppe nehmen und auf einer vorgewärmten Platte anrichten. Suppe passieren und, wenn nötig, nachwürzen. Brotscheiben in Suppenteller legen und Bouillon darübergießen. Die rote Pfeffer-Knoblauch-Sauce dazu servieren. Die Fische werden gleichzeitig mit der Suppe gegessen. Rote Pfeffer-Knoblauch-Sauce kann man in die Suppe geben oder nach Belieben als Beilage zu den Fischen essen.

Rote Pfeffer-Knoblauch-Sauce

Sie sollten Rouille immer frisch zubereiten.

Für 6–7 Personen:

2 kleine, scharfe rote Pfefferschoten, 1 Prise Salz, 1 Prise Safran oder 4–5 Safranfäden, 4 Knoblauchzehen, 40 g Brot ohne Kruste, 2–3 EL Fischbouillon, 1 Eigelb, 100 ml kaltgepreßtes Olivenöl, Salz

Pfefferschoten längs halbieren, entkernen und in kleine Stücke schneiden. Mit Salz, Safran und geschälten, kleingeschnittenen Knoblauchzehen im Mörser zu einer Paste verreiben. Brot zerkleinern und mit heißer Fischbrühe begießen, nach dem Aufweichen ausdrücken und mit dem Stößel unter die Paste arbeiten. Eigelb zufügen und nach und nach Öl unter ständigem Rühren dazugießen. Wenn nötig, mit wenig warmem Sud von der Bouillabaisse verdünnen. Mit Salz abschmecken.

Fischsuppe mit Artischocken und Tomaten

L'aïgo saou à l'arlésienne

Diese leichte Fischsuppe wird auf verschiedene Arten zubereitet, mit nur einer oder auch mehreren Fischsorten. Sie enthält meistens Kartoffeln, verschiedene Gemüse und Kräuter. In Arles liebt man sie mit Artischokken und serviert sie mit Knoblauchbrot. In der Nähe von Marseille gibt man am Tisch rote Pfeffer-Knoblauch-Sauce hinein.

1 Lauchstengel, 1 Zwiebel, 2 große Tomaten, 150 ml kaltgepreßtes Olivenöl, 2 große Kartoffeln, 3 Knoblauchzehen, Salz, Pfeffer, 1 TL gemischte Kräuter (Basilikum, Majoran, Thymian, Salbei, Bohnenkraut), 1 kg Meerfische (Seeteufel, Merlan, Knurrhahn oder andere Sorten mit weißem Fleisch), 4 Artischockenböden (eventuell aus der Dose), einige Artischockenblätter zum Garnieren nach Belieben, 8 Knoblauchcroûtons (geröstetes Brot mit durchgepreßtem Knoblauch beträufelt)

Lauch, Zwiebel und Tomaten grobhacken. Kurz in 3 Eßlöffel Öl dünsten. Geschälte, in Scheiben geschnittene Kartoffeln, grob geschnittenen Knoblauch, Salz und Pfeffer und die Kräuter zugeben. 1 1/2 Liter Wasser angießen und aufkochen lassen. Nach 5 Minuten die kochfertigen, in große Stücke geschnittenen Fische beifügen, mit dem restlichen Öl begießen und alles auf starkem Feuer 15 Minuten kochen lassen. Die in einem separaten Topf gekochten Artischockenböden vierteln, zugeben und alles in einem tiefen Suppentopf auf den Tisch bringen. Nach Belieben mit den Artischockenblättern garnieren. Die Knoblauchcroûtons dazu reichen.

Fischsuppe mit Aïoli

La bourride

Fischsuppe

Einmal enthält die Bourride Kartoffeln, ein andermal wird sie mit geröstetem Knoblauchbrot serviert. Man kann die Aïoli in der Suppe oder separat servieren.

1 kg Seeteufel vom Schwanzstück.
Für den Sud: *1/2 Lauchstange, 4–5 Pfefferkörner, 500 g Seezungengräten, 1/4 Liter Weißwein, wenig Fenchelkraut oder einige Fenchelkörner, 1 Lorbeerblatt.*
Für die Suppe: *1 Karotte, 1/2 Lauchstange, 500 g Kartoffeln, 2 geschälte Tomaten, 1 gehackte Zwiebel, 3 EL Olivenöl, Salz, 4 Scheiben Pariserbrot, 1 Knoblauchzehe, Pfeffer, 1 Prise Thymian, 1 Stück Orangenschale, 1 Prise Safranfäden, 1 EL trockener Wermut (etwa Noilly Prat), 4–6 EL Aïoli*

Fischfleisch von der Gräte schneiden, Gräte für den Sud aufheben.

Für den Sud: Lauch grob zerschneiden und Pfefferkörner zerdrücken. Alle Zutaten mit 1/2 Liter Wasser 10 Minuten kochen, dann passieren. Sud auf die Hälfte einkochen.

Für die Suppe: Karotte und Lauch in feine Streifen schneiden. Kartoffeln schälen und in 2 mm dicke Scheiben schneiden. Tomaten entkernen und würfeln. Zwiebel in 1 Eßlöffel Olivenöl kurz braten. Kartoffeln zufügen, mit Fischsud bedecken, leicht salzen und zugedeckt bei mittlerer Hitze garen. Brotscheiben in 1 Eßlöffel Olivenöl oder unter dem Grill rösten. Mit durchgepreßtem Knoblauch beträufeln. 1 Eßlöffel Olivenöl erhitzen, Karotten und Lauchstreifen 2–3 Minuten dünsten. Tomatenwürfel zufügen und Fischstücke darauflegen. Pfeffer, wenig Salz, Thymian, Orangenschale und Safran beigeben. 6–7 Minuten bei kleiner Hitze halb zugedeckt garen.

Fischstücke und Gemüse herausnehmen und warmstellen. Gemüsesaft mit Wermut etwas einkochen. Kartoffeln mit der Kochflüssigkeit dazugeben, Topf von der Platte nehmen und Aïoli in die Brühe rühren. Erwärmen, nicht kochen. Kartoffeln in Suppenteller verteilen. Fischstücke mit etwas Gemüse darauflegen. Mit Sauce begießen und mit den Brotcroûtons garnieren.

Aïoli

Damit diese Sauce gelingt, müssen Eier und Öl Küchentemperatur haben. Sollte sie mißlingen, nimmt man die Aïoli am besten aus dem Mörser, gibt ein Eigelb hinein und fängt mit etwas Öl von vorne an, danach kann man die bereits zubereitete, geronnene Sauce darunterrühren. Ist die Sauce zu dick, gibt man 1–2 Eßlöffel heißes Wasser zu. Oft wird auch ein Teil des Zitronensaftes durch 1 Teelöffel Pastis ersetzt. Man kann die Aïoli auch ohne Eigelb zubereiten. Dann eine frischgekochte Kartoffel mit dem Knoblauch verreiben.

Für 4–6 Personen:
4 Knoblauchzehen, Salz, 1 hartgekochtes Ei, 2 Eigelb, 1/8 Liter kaltgepreßtes Olivenöl, weißer Pfeffer, Saft von 1 Zitrone

Knoblauchzehen schälen. Keim entfernen, Zehen im Mörser mit wenig Salz zerstoßen. Das hartgekochte Ei halbieren, Eigelb herausnehmen, zum Knoblauch geben, ebenfalls gut zerdrücken und mit Knoblauch mischen. Eigelb nach und nach darunterrühren. Ungefähr 3 Eßlöffel Olivenöl tropfenweise unter Rühren zufügen. Etwas Zitronensaft beigeben. Restliches Öl langsam dazurühren. Dabei immer in die gleiche Richtung rühren. Mit Salz, Pfeffer und Zitronensaft abschmecken.

Nudelgerichte und pikante Kuchen

Makkaroni mit Auberginen

Macaronis aux aubergines

2 mittelgroße Auberginen, Salz, 2 mittelgroße reife Tomaten, 4 EL Olivenöl, 4 Knoblauchzehen, 1 TL gehackter Thymian, Pfeffer, 350 g Makkaroni, 2 EL kaltgepreßtes Olivenöl oder 30 g frische Butter, 100 g geriebener Käse

Auberginen in 1 cm dicke Scheiben schneiden, vierteln und mit wenig Salz bestreuen. Etwas abtropfen lassen. Tomaten kurz in kochendes Wasser tauchen, die Haut abziehen und quer halbieren.
Auberginen im Olivenöl hellbraun anbraten. Mit dem Bratwender etwas auspressen, damit das überschüssige Öl wieder austritt.
Die Auberginenscheiben aus der Pfanne nehmen und auf Küchenkrepp legen. Die Tomatenhälften in die Bratpfanne geben und im Auberginenöl leicht anbraten. Den Knoblauch durchpressen und mit dem Thymian dazugeben. Mit Salz und Pfeffer abschmekken. Die Auberginen dazumischen. Noch kurz weiterschmoren.
Die Makkaroni in viel Salzwasser garkochen, dann abgießen. Mit dem kaltgepreßten Olivenöl oder Butterflocken, etwas Salz und dem Käse mischen. Anrichten und das Auberginengemüse in die Mitte geben.
Man kann Makkaroni auch mit Ratatouille oder mit Zigeunergratin, das nicht überbakken wird, anrichten. In diesem Fall muß das Gemüse für die Ratatouille in kleine Würfel geschnitten werden.
Auch mit Käse kurz überbacken schmecken Makkaroni lecker.

Makkaroni mit Tomaten und Sardellen

Macaronis à la niçarde

Eine sehr pikante Tomatensauce wird in Nizza zubereitet. Sie paßt nicht nur zu Makkaroni, sondern auch zu Spaghetti und Nudeln. Die besondere Note verdankt sie den Sardellen und den Kräutern. Tomatensauce wird in der Provence in vielen Varianten gekocht, und zwar eben nicht nur zu Teigwaren. Je nach Verwendung werden die Sardellen weggelassen und durch Provence-Kräuter, vor allem durch Thymian, ersetzt. Ab und zu gibt man auch kleingeschnittene schwarze Oliven bei.

1 große gehackte Zwiebel, 2 EL Olivenöl, 1 kg große reife Tomaten, 2 Knoblauchzehen, 3–4 Basilikumblätter, 4–5 EL Fleischbrühe nach Bedarf, 4–6 Sardellenfilets, Pfeffer, Salz, 350 g Makkaroni, 1 EL kaltgepreßtes Olivenöl, 50 g geriebener Parmesan

Die Zwiebel in Olivenöl kurz dünsten. Die Tomaten mitsamt der Haut in kleine Stücke schneiden und zufügen. Knoblauch schälen, halbieren und mit dem grobgeschnittenen Basilikum zufügen. Zugedeckt kochen, bis die Tomaten ganz weich sind. Die Sauce durch ein Sieb streichen. Dabei bleiben die Häute zurück. Die Sauce noch einmal in den Topf geben. Nach Bedarf mit wenig Fleischbrühe etwas verdünnen. Die Sardellen feinhacken und zugeben. Die Sauce mit Pfeffer und, wenn nötig, mit sehr wenig Salz pikant abschmecken.

Die Makkaroni in viel Salzwasser kochen, abgießen und mit der Sauce mischen. Das kaltgepreßte Olivenöl darunterziehen. Am Tisch mit Parmesan bestreuen.

Spaghetti mit Tomaten und Oliven

Spaghetti à la mentonnaise

In der Gegend zwischen Nizza und Ventimiglia, nahe der italienischen Grenze, werden auch gerne Spaghetti gegessen. Die Saucen allerdings haben eine typisch provenzalische Note wie diese Mischung aus Tomaten, Paprika, Schalotten und Oliven. In Monaco gibt man der Sauce mehr Knoblauch, Sardellen und Kapern zu, würzt mit Estragon und Basilikum und läßt dafür die Paprikaschoten weg.

8 Schalotten, 4 große, reife geschälte Tomaten, 4 EL Olivenöl, 1 EL gehackte Rosmarinnadeln, 1 TL gehackter Thymian, 2 EL Weißwein, 3 EL Fleischbrühe, 1 große, grüne Paprikaschote, 60 g schwarze Oliven, Salz, Pfeffer, 1 Knoblauchzehe, 300–400 g dünne Spaghetti, 50 g geriebener Parmesan nach Belieben

Schalotten hacken. Tomaten entkernen und kleinschneiden. 2 Eßlöffel Olivenöl erhitzen. Schalotten darin kurz anbraten, Tomaten und Kräuter zufügen. Weißwein und Fleischbrühe zugeben und etwa 30 Minuten bei kleiner Hitze garen lassen. Paprikaschote mit wenig Öl bestreichen. Ganz im Ofen bei 200 °C grillen, bis die Haut braune Flecken bekommt. Paprikaschote in eine Schüssel legen, mit einem Tüchlein zudecken. Abkühlen lassen, bis sie angefaßt werden kann. Haut abziehen, Frucht halbieren, entkernen und in feine Streifen schneiden. Das restliche Öl erhitzen. Paprikastreifen darin rasch anbraten. Oliven entsteinen, dann kleinschneiden, zu den Paprikastreifen geben und ganz kurz dünsten. Zur Tomatensauce geben und mit Salz, Pfeffer und durchgepreßtem Knoblauch abschmekken. Spaghetti so kochen, daß sie noch Biß haben, abgießen und mit der Sauce mischen. Nach Belieben mit Parmesan bestreuen.

Krautkuchen

Gâteau au chou provençal

Dieser pikante Kuchen ist ländlich einfach und schmeckt dank der raffinierten Würze ausgezeichnet. Mit Lammfleisch wird er besonders aromatisch. Zusammen mit einem Glas rotem Provence-Wein ersetzt er eine ganze Mahlzeit. Man kann ihn gut vorbereiten, sogar vorbacken und vor dem Servieren wieder erwärmen.

Für eine Springform von 24 cm Durchmesser:
Für den geriebenen Teig: *250 g Mehl, 125 g Butter, 1/2 TL Salz, etwa 1/8 Liter Wasser.*
Für den Belag: *1 kg Kohl oder Wirsing, Salz, 2 Zwiebeln, 2 EL Olivenöl, 500 g Hackfleisch (halb Schwein, halb Lamm oder Rind), 50 g gehackter Magerspeck, schwarzer Pfeffer aus der Mühle, 2 Knoblauchzehen, 1 EL Majoran, 1 EL Thymian, je 1 Messerspitze Nelken- und Korianderpulver, 2 geschälte Tomaten, 1 Eigelb, 2 EL süße Sahne*

Für den geriebenen Teig: Das Mehl auf ein Teigbrett sieben. Die Butter in Flocken beigeben. Mehl und Butterflocken von Hand zu feinen Krümeln zerreiben. Mit der Masse einen Kranz formen. Salz im kalten Wasser auflösen. In die Mitte geben und alles rasch zu einem Teig verarbeiten. Die benötigte Wassermenge hängt von der Mehlqualität ab. Der Teig sollte so konsistent werden, daß man ihn ausrollen kann. Vorsicht: nicht kneten, sonst wird der Teig zäh. Am Vorabend zubereiten oder mindestens 1 Stunde kühlstellen.

Für den Belag: Den Kohl waschen, abtropfen lassen, vierteln und 10 Minuten im Salzwasser vorkochen. Dann die Strünke entfernen und die Blätter grobhacken. Zwiebeln feinhacken und in Olivenöl 3–4 Minuten dünsten. Das Fleisch und den Speck zugeben, leicht anbraten. Den Kohl beifügen. Mehrmals wenden und mit Salz, Pfeffer, durchgepreßtem Knoblauch, Majoran, Thymian, Nelken- und Korianderpulver pikant würzen. Die Tomaten entkernen, kleinschneiden und beifügen. Zugedeckt 15 Minuten garen.

Den Teig 3 mm dick ausrollen, etwas Teig übriglassen. Form damit belegen, einen Rand hochziehen. Erkaltete Füllung darauf verteilen. Aus dem restlichen Teig Streifen ausrädeln und gitterartig über den Kuchen legen. Den Rand mit Eigelb bestreichen. Als Abschluß einen Teigstreifen als Rand darauflegen.

Die Teigoberfläche mit Eigelb bestreichen und im vorgeheizten Backofen 40 Minuten bei 220 °C backen. Nach 20 Minuten Sahne über die Füllung verteilen. Warm servieren.

Zwiebel-Tomaten-Kuchen

Quiche provençale

Jede Gegend in Frankreich hat ihre Quiche. Dieser pikante Kuchen paßt gut zu einem Glas Rosé oder Rotwein aus der Provence. Man kann die Quiche auch in einem rechteckigen Blech backen und zu einem Pernod als Aperitifbeilage servieren.

Für eine Form von 28 cm Durchmesser:
Grundrezept geriebener Teig oder Hefeteig, 400 g Zwiebeln, 400 g geschälte Tomaten, 3 Knoblauchzehen, 1 Lorbeerblatt, je 1 TL gehackter Rosmarin und Thymian, 3 EL Olivenöl, Salz, schwarzer Pfeffer aus der Mühle, 2 große Eier, 150 ml süße Sahne, 50 g schwarze Oliven

Den geriebenen Teig laut Rezept S. 90 zubereiten. Wenn Sie Hefeteig verwenden wollen, 1/2 Rezeptmenge vom Hefeteig auf S. 94 zubereiten.

Die Zwiebeln in feine Scheiben schneiden. Die Tomaten entkernen und kleinschneiden. Zusammen mit den ganzen Knoblauchzehen, dem Lorbeerblatt und den Kräutern in Olivenöl 20 Minuten dünsten, bis alle Flüssigkeit verdampft ist. Mit Salz und Pfeffer würzen und erkalten lassen. Den Knoblauch entfernen. Die Eier und die Sahne verquirlen, unter das Gemüse mischen. Das Backblech mit 3 mm dick ausgerolltem Teig auslegen. Den Teigboden mit einer Gabel mehrmals einstechen. Die Füllung darauf verteilen. Die Oliven entsteinen, halbieren und auf den Guß geben. Bei 220 °C im vorgeheizten Backofen 30–35 Minuten backen. Heiß oder kalt servieren.

Wenn Sie ein rechteckiges Kuchenblech nehmen, benötigt man 400–500 g Zwiebeln und Tomaten, auch die Masse für den Guß muß um etwa ein Viertel größer sein. Die Menge für den Teig verdoppeln.

Zwiebel-Hefekuchen

Pissaladière

Die Pissaladière ist eine sehr alte Spezialität. Sie verdankt ihren Namen dem *pissala*, einem gewürzten Fischpüree, mit dem der Kuchen früher vor dem Backen bestreut wurde. *Pissala* besteht aus Sardinen- und Sardellenfleisch sowie aus Gewürzen und Salzlake. Heute ersetzt man diese Mischung durch gesalzene Sardellen. Zur Abwechslung können Sie auch einmal die Zwiebeln nach dem Dünsten pürieren und die Pissaladière vor dem Backen mit geschälten, kleingeschnittenen Tomaten garnieren, was allerdings nicht klassisch ist.

Für ein rechteckiges Backblech:
Für den Teig: *40 g Hefe, 2 TL Zucker, 500 g Mehl, 200 ml Wasser, 6 EL Olivenöl, Olivenöl für das Blech.*
Für den Belag: *1 kg in Streifen geschnittene Zwiebeln, 2 EL Olivenöl, 1 TL Essig, 1 Lorbeerblatt, 1 Gewürznelke, 1 Knoblauchzehe, 1 TL gehackter Thymian, 1 TL Origano, 1/2 TL grobgemahlener schwarzer Pfeffer.*
Für den Eierguß: *2 Eier, 1/8 Liter süße Sahne, 4 Sardellenfilets.*
8 Sardellenfilets, 50 g schwarze Oliven, 1 EL in Flocken geschnittene Butter

Für den Teig: Die Hefe mit dem Zucker und etwas lauwarmem Wasser in einer großen Teigschüssel verrühren. 15 Minuten ruhen lassen. Das Mehl, das Wasser, die aufgelöste Hefe und das Olivenöl rasch zu einem glatten Teig kneten, dann zu einer Kugel formen. Schüssel mit einem Tuch bedecken. Den Teig bei Küchentemperatur ungefähr 20 Minuten gehen lassen.

Für den Belag: In der Zwischenzeit Zwiebeln in Öl 5 Minuten dünsten, ohne Farbe annehmen zu lassen. Essig, Lorbeerblatt, Gewürznelke, durchgepreßten Knoblauch, Thymian und Origano beifügen. Zugedeckt 15 Minuten schmoren lassen. Nach und nach 4 Eßlöffel Wasser beifügen. Den Deckel abnehmen und 10 Minuten weiterdünsten, bis alle Flüssigkeit verdampft ist. Mit Salz und Pfeffer würzen und erkalten lassen.

Den Backofen auf 220 °C vorheizen. Das Backblech mit Olivenöl bestreichen. Das Blech mit dem Teig belegen, dabei einen Rand von 3 cm hochziehen. Den Teigboden mit einer Gabel mehrmals einstechen.

Für den Eierguß: Die Eier und die Sahne gut verquirlen. Mit kalter Zwiebelfüllung und 4 gehackten Sardellenfilets mischen. Auf dem Kuchenboden verteilen.

8 Sardellenfilets und entsteinte Oliven auf der Füllung anordnen. Butterflocken auf dem Kuchen verteilen. Im vorgeheizten Backofen 30–35 Minuten bei 220 °C backen. Die Pissaladière darf nur leicht Farbe annehmen. Warm oder kalt, aber sehr frisch gebacken servieren.

Die Pissaladière kann auch ohne Eierguß zubereitet werden, was dem klassischen Rezept aus Nizza entspricht. Der Guß macht den Belag saftiger und gehaltvoller. Die Pissaladière läßt sich im voraus backen und kann im Ofen wieder erwärmt werden, dabei sollte man sie aber mit Alufolie abdecken.

1989
LA BLAQU

Gemüsegerichte

Ratatouille

Ratatouille niçoise

Ratatouille schmeckt auch kalt sehr gut. Wird es als kleine Garnitur serviert, kann man die Gemüse in kleine Würfel schneiden. Dadurch wird die Kochzeit etwas kürzer. Die Beilage wird zu einem Hauptgericht, wenn etwas Fisch oder Spiegelei darauf serviert wird.

Für 6–8 Personen:
500 g Auberginen, 500 g kleine Zucchini, Salz, 500 g grüne Paprikaschoten, 800 g Tomaten, 500 g Zwiebeln, 1/8 Liter Olivenöl, 1 Zweig Thymian, 8–10 Basilikumblätter, 2–3 Zweige glattblättrige Petersilie, 3–5 Knoblauchzehen, schwarzer Pfeffer aus der Mühle

Auberginen und Zucchini in 7 mm dicke Scheiben schneiden. Auberginenscheiben mit wenig Salz bestreuen. 15 Minuten ruhen lassen, ausgetretenen Saft abtupfen. Paprikaschoten halbieren, entkernen, in 2 cm große Vierecke schneiden. Tomaten in kochendes Wasser tauchen, kalt abspülen und schälen. Zwiebeln schälen, halbieren und leicht schräg in Streifen schneiden. Auberginenscheiben in 3 Eßlöffel Olivenöl beidseitig anbraten und herausnehmen. Zucchinischeiben und Paprikaschoten ganz leicht anbraten. Herausnehmen. Zwiebeln unter Rühren glasig dünsten. Gemüse in die Pfanne zurückgeben. Kräuter zu einem Sträußchen binden und mit durchgepreßtem Knoblauch zugeben. Gut mischen und bei sehr kleiner Hitze 30 Minuten garen. Öfter umrühren, damit das Gemüse nicht anbrennt. Geschälte Tomaten halbieren, entkernen, in Scheiben schneiden. In einer separaten Pfanne in 3 Eßlöffel Olivenöl Tomaten bei mittlerer Hitze dünsten, bis fast alle Flüssigkeit eingekocht ist. Tomaten zum Gemüse geben, Kräutersträußchen entfernen und mit Salz und Pfeffer abschmecken. Restliches Olivenöl zugeben und etwa 5–10 Minuten weitergaren.

Zucchinigratin
Gratin de courgettes

Zucchinipüree
Tian de courgettes

Zucchinigratin

Gratins sind in der Provence sehr beliebte Beilagen. Sie passen aber nicht zu Saucengerichten, sondern zu gegrilltem oder gebratenem Fleisch wie etwa zu einer Lammkeule.

500 g Tomaten, 3 EL Olivenöl, 1 gehackte Zwiebel, 4 Sardellenfilets, 1 EL Provence-Kräuter, 2 Knoblauchzehen, 1/2 TL Zucker, Salz, Pfeffer, 5–6 kleine Zucchini, 1 EL gehackte Petersilie, Butter für die Form, 2 EL geriebener Sbrinz oder Greyerzer, 3 EL geriebenes Weißbrot vom Vortag, 20 g Butterflocken

Tomaten kurz in kochendes Wasser tauchen, Haut abziehen und in kleine Stücke schneiden. 1 Eßlöffel Olivenöl in einer Bratpfanne erhitzen. Zwiebel zugeben, 2–3 Minuten braten. Tomaten, gehackte Sardellenfilets, Provencekräuter, 1 gut durchgepreßte Knoblauchzehe, Zucker, wenig Salz und Pfeffer zufügen. 10 Minuten unter öfterem Rühren zu Mus einkochen. Zucchini waschen, in Scheibchen schneiden und in 2 Eßlöffel Olivenöl in einer zweiten Bratpfanne unter Wenden etwa 6 Minuten anbraten. Auf Küchenkrepp legen und mit einem Bratwender leicht andrücken, damit überschüssiges Öl austreten kann. 1 Knoblauchzehe durchpressen, mit der Petersilie in den Bratenfond der Zucchini geben und 1 Minute mitdünsten. Eine nicht zu hohe Gratinform mit Butter ausstreichen. Lagenweise Tomatenmus, Zucchini, wenig Salz und Pfeffer sowie Knoblauch mit Petersilie einfüllen, mit Tomaten abschließen. Das Gericht zuerst mit Käse, dann mit geriebenem Brot und zuletzt mit Butterflocken bestreuen. Backofen auf 220 °C vorheizen und 10–15 Minuten überbacken. Die Oberfläche des Gratins darf nicht dunkel werden, falls nötig, mit Alufolie abdekken. Das Gratin wird in der Form auf den Tisch gebracht. Man kann es als Vorspeise mit Pariserbrot servieren oder als Beilage zu gegrilltem Fleisch oder zu Teigwaren. Zur Abwechslung kann es auch mit Auberginen zubereitet werden. In diesem Fall die Scheiben mit Salz bestreuen, 10 Minuten liegenlassen, dann abwaschen und trocknen, damit der ausgetretene braune, bittere Saft herausgezogen wird.

Zucchinipüree

Originell als Beilage finde ich dieses Gemüsepüree aus der Gegend der Vaucluse.

1 kg kleine Zucchini, Salz, 2 EL Milch, 2 EL kaltgepreßtes Olivenöl, Pfeffer, 4 EL feingeriebenes Brot, 1 EL gehacktes Basilikum, 1 Knoblauchzehe, 20 g Butterflocken, Öl für die Form

Zucchini schälen, in Scheiben schneiden und in Salzwasser bei offenem Topf garen. Gut abtropfen lassen und durchpassieren. Dabei sollten die Kerne im Sieb zurückbleiben. Das ist besonders bei größeren Zucchini wichtig. Püree in ein feines Sieb geben und abtropfen lassen. In einen Topf geben und kurz bei Mittelhitze noch vorhandene Flüssigkeit etwas verdampfen lassen. Die Milch beifügen, kurz aufkochen und leicht abkühlen lassen. Mit Olivenöl, Salz und Pfeffer abschmecken. Das geriebene Brot mit Basilikum, durchgepreßtem Knoblauch und wenig Salz und Pfeffer mischen. In eine mit Öl bepinselte flache Form geben. Mit der Brotmischung bestreuen, die Butterflocken darüber verteilen, Backofen auf 220 °C vorheizen und 30 Minuten überbacken.

Zigeunergratin

La bohémienne

Dieses Gericht wird oft mit Ratatouille verwechselt, obwohl es völlig anders zubereitet wird. Die Bohémienne enthält nur Auberginen und Tomaten, die nicht nur geschmort, sondern zu Mus zerdrückt und mit geriebenem Brot bestreut überbacken werden. Die Bohémienne ist in Avignon sehr beliebt und ersetzt in dieser Gegend oft die Ratatouille, die ursprünglich aus Nizza stammt.

500 g Auberginen, Salz, 3 1/2 EL Olivenöl, 500 g Tomaten, 1 EL gehacktes Basilikum, Pfeffer, 1 Knoblauchzehe, 2 Sardellenfilets, 1 EL Mehl, 3–4 EL Milch, 2 EL geriebenes Weißbrot vom Vortag

Die Auberginen schälen, in Scheiben schneiden, mit Salz bestreuen, 10 Minuten ziehen lassen, kalt abspülen und trocknen. In 3 Eßlöffel Öl beidseitig leicht anbraten. Geschälte, kleingeschnittene Tomaten, Basilikum, Salz, Pfeffer und durchgepreßte Knoblauchzehe zugeben und zu einem Mus einkochen. Mit einer Gabel zerdrücken.

Sardellen in 1/2 Eßlöffel Öl dünsten, mit Mehl bestreuen, Milch zufügen, 5 Minuten kochen. Mit dem Gemüse mischen, in eine Form geben, mit Brot bestreuen und 20–30 Minuten im vorgeheizten Backofen bei 200 °C backen.

Tomaten nach provenzalischer Art

Tomates à la provençale

In Südfrankreich nennt man die Tomaten gerne *pommes d'amour*, also Liebesäpfel. Einige Kenntnisse sind schon nötig, um den richtigen Reifegrad zu erkennen. In der Provence sagt man, daß zu reife Tomaten sauer schmeckten und viele Gerichte deshalb verderben könnten. Sie sollen zwar sehr schön rot, aber noch fest sein.

Es gibt für dieses Gericht mehrere Variationen: In Monaco gibt man wenig gehackte Sardellen und etwas Thymian zur Tomatenfüllung. In Antibes dagegen werden Sardellen und Thunfisch feingehackt und mit Kräutern und wenig Fenchelkraut unter das geriebene Brot gemischt.

4 große Freilandtomaten, Salz, 3 EL Olivenöl, 3 Knoblauchzehen, 3 EL gehackte Petersilie, 1 TL Puderzucker, Pfeffer aus der Mühle, 2 EL geriebenes Brot nach Belieben

Tomaten quer halbieren, mit Salz bestreuen und 10–15 Minuten stehen lassen. Dann mit der Schnittfläche nach unten in ein Sieb legen, damit Flüssigkeit abtropfen kann.

2 Eßlöffel Olivenöl erhitzen. Die Tomaten mit der Schnittfläche nach unten hineingeben und bei guter Hitze leicht anbraten. Danach die Tomatenhälften in einer mit Öl bestrichenen Gratinform anordnen. Den Knoblauch feinhacken, mit der Petersilie und dem Puderzucker mischen, 2–3 Minuten in die Bratpfanne geben, in der noch etwas Öl von den Tomaten zurückgeblieben ist, und leicht andünsten. Diese Mischung über die Tomaten verteilen. Mit Pfeffer bestreuen und nach Belieben geriebenes Brot darübergeben. Mit wenig Öl beträufeln und bei Oberhitze im 220 °C heißen Backofen überbacken, bis die Tomaten leicht Farbe annehmen und etwas zusammenfallen.

Gefüllte Tomaten

Tomates farcies

Gefüllte Paprikaschoten

Poivrons farcis

Gefüllte Tomaten

Der roh in die Tomaten gelegte Reis saugt die überschüssige Flüssigkeit auf.

8 große reife Tomaten, Salz, 50 g Weißbrot ohne Kruste, 1 feingehackte Zwiebel, 3 EL Olivenöl, 200 g gehacktes Fleisch (Lammfleisch oder eine Mischung aus Rind- und Schweinefleisch), 1 EL gehackte Petersilie, 1 EL gehacktes Basilikum, 1/2 TL gemahlener Koriander, 1 TL gehacktes Bohnenkraut, 1 Knoblauchzehe, Pfeffer, 1 Ei, 4 TL Reiskörner, 2 EL geriebenes Brot

Am Stielansatz der Tomaten einen Deckel abschneiden. Tomaten sorgfältig aushöhlen. Tomatenfleisch entkernen und auspressen, dann zusammen mit dem Fruchtfleisch aus den Deckeln sehr fein schneiden. Ausgehöhlte Tomaten mit wenig Salz bestreuen und mit der Öffnung nach unten in ein Sieb stellen, damit etwas Saft auslaufen kann. Brot zerzupfen und mit heißem Wasser begießen. Zwiebel in 1 1/2 Eßlöffel Olivenöl andünsten. Tomatenfleisch zufügen und kurz mitdünsten. Brot ausdrücken, passieren und unter das gehackte Fleisch mischen. Mit den Kräutern, zerdrücktem Knoblauch, Salz und Pfeffer abschmekken. Alles 2–3 Minuten in einer Pfanne unter Rühren dünsten. Etwas erkalten lassen und mit Ei mischen. Eine feuerfeste Form mit wenig Öl bestreichen. Tomaten hineinsetzen. Je 1/2 Teelöffel Reiskörner in die Tomaten geben und mit der vorbereiteten Masse füllen. Mit dem geriebenen Brot bestreuen und mit dem restlichen Olivenöl beträufeln. Im vorgeheizten Backofen 40 Minuten bei 200 °C garen lassen.

Gefüllte Paprikaschoten

Nicht alle Leute mögen Paprikaschoten. Es kann sein, daß sie dieses Gemüse nicht gut vertragen. In unserem Rezept werden die Schoten geschält. Das Gericht wird dadurch feiner und viel bekömmlicher.

4 gelbe oder rote Paprikaschoten, 3 EL Olivenöl, 50 g Weißbrot, 2 große, reife geschälte Tomaten, 1 mittelgroße Zwiebel, 250 g Champignons, Salz, Pfeffer, 1 EL gehackter Majoran, 1 Eigelb, 50 g geriebener Käse

Paprikaschoten ganz unter die Heizspiralen des Grills legen und grillen, bis die Haut braune Flecken bekommt. In eine Schüssel legen und mit einem Tüchlein zudecken. Haut abziehen und den Stielansatz entfernen. Schoten längs halbieren. Samen herauskratzen. Eine Gratinform mit etwas Olivenöl bestreichen und die halben Schoten so hineinlegen, daß sie gefüllt werden können. Das Brot mit heißem Wasser begießen. Die Tomaten entkernen, kleinschneiden und auspressen. Zwiebel kleinschneiden und in 1 Eßlöffel Olivenöl glasig dünsten. Die Champignons putzen und hacken, zufügen und mitdünsten, bis alle Flüssigkeit verdampft ist. In einer separaten Pfanne die Tomaten bei großer Hitze einkochen, bis ein Mus entsteht. Das Brot ausdrücken, durch ein Sieb streichen und mit Tomaten und Champignons mischen. Mit Salz, Pfeffer und Majoran abschmecken. Das Eigelb daruntermischen. Paprikaschoten mit der Masse füllen. Mit wenig Käse bestreuen und 25 Minuten im vorgeheizten Backofen bei 200 °C überbacken.

Geschmorte Artischocken

Artichauts à la barigoule

Wenn keine kleinen, zarten Artischocken erhältlich sind, kann man die Böden von großen Artischocken verwenden, was zwar ein gutes, aber nicht mehr typisches Gericht ergibt. In manchen Rezepten werden die Artischocken vor dem Schmoren mit wenig geriebenem Brot, Petersilie und feingehacktem Knoblauch bestreut, für diese Methode finde ich Artischocken allerdings fast zu schade.

12 sehr kleine, zarte Artischocken, 1 Zitrone, 2 EL gehackte Petersilie, 2 Knoblauchzehen, 100 g gepökelter Speck nach Belieben, Salz, Pfeffer, 2 Karotten, 4 mittelgroße Schalotten, 4–5 EL kaltgepreßtes Olivenöl, 100 ml Weißwein

Stiele und oberes Drittel der Artischocken mit einem scharfen Messer abschneiden. Schnittflächen sofort mit Zitronensaft beträufeln. Petersilie, durchgepreßten Knoblauch, feingehackten Speck, wenig Salz und frischgemahlenen Pfeffer gut mischen. Diese Mischung zwischen die Blätter der Artischocken verteilen. Karotten in feine Scheiben schneiden. Schalotten hacken. Alle Gemüse in einer weiten, nicht zu hohen Pfanne verteilen. Artischocken so daraufsetzen, daß sie nebeneinander liegen. Artischocken mit 4–5 Eßlöffel Öl begießen. Darauf achten, daß das Öl in die Blätter hineinfließt. Wein und 50 ml Wasser neben die Artischocken in den Schmortopf gießen. Wenig Salz und Pfeffer zur Kochflüssigkeit geben. Topf mit einem gut schließenden Deckel bedecken, 1 Stunde auf kleinem Feuer langsam schmoren lassen. Ab und zu kontrollieren, ob noch genügend Flüssigkeit vorhanden ist, wenn nötig etwas Wasser oder Wein angießen.

Grüne Bohnen mit Knoblauch oder Aïoli

Haricot verts à l'ail et à l'«egreissado»

Grüne Bohnen mit Knoblauch
Grüne Bohnen werden in der Provence nicht nur aus dem kochenden Wasser gezogen.

400 g mittelfeine grüne Bohnen, Salz, 4–6 Knoblauchzehen, 4 EL Olivenöl, 1 TL gehacktes Bohnenkraut, 100 g frischgeriebenes Brot vom Vortag, Pfeffer aus der Mühle

Bohnen von den Fäden befreien, waschen und in 1 Liter Salzwasser knapp garen. Abgießen, gut abtropfen lassen und trockentupfen. Knoblauchzehen schälen und zu Stiften schneiden. 2 Eßlöffel Olivenöl erhitzen. Knoblauch hineingeben und mit dem Bratwender leicht zerdrücken. Unter Wenden braten, dabei nur leicht Farbe annehmen lassen. Bohnen zugeben und unter Wenden dünsten, bis sie dunkelgrün und gar sind. Bohnenkraut und restliches Öl zugeben. Kurz erwärmen, dann Brot dazumischen. Ständig wenden, bis das Brot hellbraun wird und das Öl aufgesogen hat. Mit Salz und Pfeffer nachwürzen.

Grüne Bohnen mit Aïoli
Zusammen mit Aïoli wird aus einem einfachen Gericht eine delikate Überraschung.

500 g feine oder mittelfeine grüne Bohnen, Salz, 150 g Aïoli, 1 EL Weißweinessig, 2 EL gehacktes Bohnenkraut, Pfeffer

Bohnen waschen, von den Fäden befreien. In 1 1/2 Liter Salzwasser knapp garen. Abgießen und sofort sehr kalt abspülen. Aïoli (Rezept S. 82) mit dem Essig und der Hälfte des Bohnenkrautes mischen. Salzen und pfeffern. Anrichten und mit dem restlichen Bohnenkraut bestreuen. Kalt servieren.

Weiße Bohnen nach provenzalischer Art

Haricots blancs à la provençale

Zu diesem Gericht benötigt man keine weitere Beilage, ein Salat vorneweg und etwas Obst zum Abschluß genügen. Man kann auch frische weiße Bohnen nach diesem Rezept zubereiten. Dann nimmt man für 500 Gramm Bohnen vier geschälte Tomaten. Auch rote Bohnen werden ähnlich zubereitet, sie sollten aber in einer Mischung aus Fleischbrühe und Rotwein gekocht werden. Der Magerspeck wird dann durch gepökelten Speck ersetzt und das Gewürzsträußchen durch ein bis zwei Gewürznelken ergänzt.

400 g getrocknete weiße Bohnen, 2 große Zwiebeln, 2 EL Olivenöl, 1 Knoblauchzehe, 400 g Magerspeck am Stück, 2 große, reife geschälte Tomaten, 1 Kräutersträußchen (Petersilie, Kerbel, Salbei, Rosmarin, Bohnenkraut), 1 Lorbeerblatt, 1/2 Liter Fleischbrühe, 2 EL Sardellenbutter nach Belieben, Salz, Pfeffer, 2 EL gehackte Petersilie

Die Bohnen am Vorabend in 1 Teil Bohnen, 2 Teile Wasser 12 Stunden einweichen. Am nächsten Tag Zwiebeln vierteln und im Öl anbraten. Knoblauch ganz beigeben. Abgetropfte Bohnen und Speck zufügen. Tomaten, Kräutersträußchen und Lorbeerblatt dazugeben, gut vermischen und Fleischbrühe angießen. 1 Stunde zugedeckt bei Mittelhitze schmoren lassen. Sind die Bohnen noch nicht weich, Kochzeit verlängern. Kräutersträußchen und Lorbeerblatt entfernen und nach Belieben Sardellenbutter (Rezept S. 114) zugeben. Bohnen erst jetzt mit Salz und Pfeffer abschmecken und mit Petersilie bestreuen. Speck dünn aufschneiden und mit gehackter Petersilie bestreut servieren. Zur Abwechslung läßt man gelegentlich den Speck weg und würzt mit Basilikum und Petersilie.

DE BEDARRIDES
Huile d'Olive Vierge
DE LA VALLEE DES BAUX
Henri BELLON
PROPRIÉTAIRE - OLÉICULTEUR
tél. : 90.97.70.04
13990 FONTVIEILLE
(PROVENCE)

Knoblauchkartoffeln

Pommes de terre à l'ail

Kartoffelgratin

Pommes de terre au gratin

Knoblauchkartoffeln

Wer die ungeschälten Knoblauchzehen vor dem Servieren entfernt, braucht vor ihrem „Duft“ keine Angst zu haben.

Für 4–6 Personen:

500 g Kartoffeln (feste Sorte), 5 EL Olivenöl, 10 ungeschälte Knoblauchzehen, Salz

Die Kartoffeln schälen und in 1 cm dicke Stäbchen schneiden. Auf einem Tuch oder auf Küchenpapier etwas trocknen. Das Öl in einer großen Bratpfanne erhitzen. Die Kartoffelstäbchen hineingeben und 5 Minuten unter öfterem Wenden vorgaren. Kartoffeln herausnehmen. Knoblauchzehen ungeschält in das noch vorhandene Öl geben. Kurz anbraten, dann Kartoffeln wieder zufügen. Weiterbraten, bis die Kartoffeln goldgelb werden. Nach Bedarf salzen.

Kartoffeln mit den Knoblauchzehen gut abtropfen lassen, dann sofort servieren. Nach Belieben Knoblauchzehen mit der Gabel ausdrücken und Knoblauchpüree mitessen oder eventuell Knoblauchzehen vor dem Anrichten entfernen, was eigentlich schade wäre!

Schneller geht es, wenn man die Stäbchen wie beim Zubereiten von Pommes frites schwimmend im Öl ausbäckt, abtropfen läßt und anschließend mit geschälten Knoblauchzehen noch einmal fritiert. Dabei nimmt aber das Fritieröl den Knoblauchgeschmack an, was bei uns vielleicht nicht so erwünscht ist.

Kartoffelgratin

In ganz Frankreich ist Kartoffelgratin eine der beliebtesten Beilagen und eigentlich ganz einfach.

750 g Kartoffeln, 1 Knoblauchzehe, 1 EL Butter, 1/4 Liter Fleischbrühe, 300 ml süße Sahne, Salz, Pfeffer, Muskatnuß

Die Kartoffeln schälen, waschen, abtrocknen und in sehr dünne Scheiben schneiden. Eine flache Gratinplatte mit der angeschnittenen Knoblauchzehe ausreiben und anschließend mit Butter bestreichen. Die Kartoffeln in die Form geben und die Fleischbrühe angießen. Mit Alufolie abdecken und auf der untersten Schiene in den Backofen schieben. 25 Minuten bei 180 °C garen lassen. Die Sahne mit Salz, Pfeffer und Muskatnuß abschmecken. Prüfen, ob die Fleischbrühe von den Kartoffeln aufgesogen wurde. Wenn nicht, die Schmorzeit etwas verlängern. Erst dann die Sahne darübergießen.

Die offene Form im oberen Drittel des Backofens etwa 30 Minuten überbacken, bis sich hellbraune Flecken auf der Oberfläche des Gratins bilden.

Die Kartoffelschicht sollte nicht höher sein als 3 cm, damit das Gratin gut gelingt. Man kann die Fleischbrühe weglassen und das Gratin von Anfang an mit 1/2 Liter Sahne begießen. Dadurch wird es noch besser, aber auch etwas nahrhafter.

Fisch und Meeresfrüchte

Gegrillte Rotbarbe mit Sardellenbutter

Rouget grillé
au beurre d'anchois

Die *rougets barbets*, die Rotbarben, werden auch die „Schnepfen des Meeres" genannt, weil man sie in der Provence unausgenommen zubereitet. Sie haben keine Galle, deshalb können die Innereien mitgegessen werden. Manchmal werden sie zum Grillen nicht geschuppt, so lassen sich die Schuppen zusammen mit der Haut entfernen, was eigentlich schade ist, denn gerade sie erhöht den Geschmack dieses Fisches.

4 unausgenommene Rotbarben zu je 180 g oder 8 zu je 100 g, 2 EL Olivenöl, 1/2 TL Paprikapulver, Pfeffer

***Für die Sardellenbutter:** 100 g Butter, 6 Sardellenfilets, Saft von 1 Limette, Pfeffer aus der Mühle, 2 EL Kapern oder 1 Zitrone, Petersilienzweig*

Fische schuppen, aber Haut dranlassen. Olivenöl mit Paprikapulver und Pfeffer mischen. Rotbarben beidseitig damit bestreichen. Grill oder Heizspirale im Backofen vorheizen. Rost mit Alufolie bespannen und Fische darauflegen. Auf der zweitobersten Schiene einschieben. 7–8 Minuten grillen. Nach 4 Minuten wenden und 3 Minuten weitergaren. Die Haut soll knusprig, aber nicht schwarz werden. Je nach Größe der Rotbarben Grillzeit etwas verlängern.

Für die Sardellenbutter: Butter bei Küchentemperatur weich werden lassen. Sardellen feinhacken und mit Limettensaft und Butter zu einer Paste verarbeiten. Mit Pfeffer abschmecken. Zu einer Rolle formen, in Folie wickeln und im Kühlschrank fest werden lassen. Rotbarben mit abgetropften Kapern oder Zitronenvierteln anrichten. Mit Petersilienzweig und Sardellenbutter servieren.

Die große Aïoli

Le grand aïoli

Dieses Gericht symbolisiert, wie übrigens auch die Bouillabaisse, die kulinarische Provence. Es ist ein traditionelles Gericht für Aschermittwoch oder für den letzten Tag bei lokalen Festivitäten. Vor allem im Var und in den Alpes-Maritimes werden auf dem Dorfplatz Tische aufgestellt, wo sich alle Bewohner um dieses üppige Essen versammeln.

Für 6–8 Personen:
Aïoli doppelte Menge des Rezepts S. 82.
Für den Sud: *1 Lorbeerblatt, 1 Gewürznelke, 1 große Zwiebel, 1 Karotte, 100 ml Weißwein, Salz, Salbei, Thymian, 5 Pfefferkörner.*
800 g Meerfisch (Seeteufel, Seehecht, Kabeljau oder gesalzener, gewässerter Kabeljau, 1–2 Tintenfische).
Als Beilagen: *Schnecken, Strandschnecken, Siedfleisch vom Rind oder Lamm, Kartoffeln in der Schale, frisch gekochte und knapp gegarte Gemüse (Zuckerschoten, Bohnen, Karotten, grüne Erbsen, Blumenkohl, Artischocken), 2–3 hartgekochte Eier*

Aïoli in doppelter Menge nach dem Rezept S. 82 zubereiten.

Für den Sud: Lorbeerblatt, Nelke, grobgeschnittene Zwiebel, Karotte, Weißwein und 1/2 Liter Wasser aufkochen. Salz, Salbei, wenig Thymian und Pfefferkörner zufügen.

Nach 5 Minuten kochfertige Fische und Tintenfische hineingeben. 20 Minuten auf sehr kleinem Feuer köcheln lassen. Gut abtropfen lassen.

Bohnen, Karotten und Artischocken sowie Blumenkohl in Salzwasser kochen. Zarte Gemüse wie Zuckerschoten und Erbsen können mit wenig Wasser gedünstet werden. Die Beilagen werden in mehreren Gängen serviert. Die Aïoli dazu im Mörser auf den Tisch bringen.

CADET
BENOIST

Goldbrasse vom Grill

Dorade grillée

Brassen eignen sich sehr gut zum Grillen.

Für 2–3 Personen:
1 Goldbrasse von etwa 1 kg, Salz, schwarzer Pfeffer aus der Mühle, 1 Zweiglein Thymian, wenig Fenchelkraut oder 4–5 Fenchelsamen, 2 Knoblauchzehen, 3 EL Pfefferschotenöl oder Olivenöl, 100 ml kaltgepreßtes Olivenöl

Fisch beim Kauf schuppen und ausnehmen lassen. Innen und außen mit Salz und Pfeffer einreiben. Kräuter und flachgedrückte Knoblauchzehen in den Bauch des Fisches legen. Den Grill vorheizen, Grillrost mit Alufolie bespannen. Fisch mit einem scharfen Messer beidseitig zickzackförmig einschneiden. Mit Pfefferschotenöl (Rezept S. 21) oder Olivenöl bestreichen, auf den Grill legen und beidseitig etwa 15 Minuten grillen. Dabei immer wieder mit dem Öl bestreichen. Kontrollieren, ob er gar ist. Dabei darf die Bauchhöhle nicht mehr rosa sein, und die Seitenflosse sollte sich mühelos ausziehen lassen. Fisch mitsamt der Folie vom Grill nehmen. 3 Minuten mit Folie zudecken und nachgaren lassen. Haut dem Rückgrat entlang einschneiden und nach unten wegziehen. Filets von den Gräten ablösen, in Portionsstücke teilen und anrichten. Mit kaltgepreßtem Olivenöl beträufeln und mit Pfeffer aus der Mühle bestreuen.

Mein Tip: Goldbrassen können auch ungeschuppt direkt auf dem Grill zubereitet werden. Danach entfernt man die Haut samt den Schuppen. Dann den Fisch nicht einschneiden und nur mit gewöhnlichem Olivenöl bestreichen. Lecker schmeckt dazu auch etwas Aïoli (Rezept S. 82) oder rote Pfeffer-Knoblauch-Sauce (Rezept S. 78). Auch Wolfsbarsch läßt sich auf diese Art grillen, dann nur Fenchelkraut in den Bauch legen und nach Belieben vor dem Servieren mit Pernod flambieren.

Goldbrassenfilet mit Fenchel

Filets de dorade au fenouil

Fenchel paßt gut zu Fisch. Das bemerkt man vor allem in der Provence, wenn man gute Fischrestaurants besucht. Der Fenchel wächst wild auf den Feldern, sein Kraut wird als Gewürz verwendet. Oft hilft man bei Saucen mit wenig Pernod oder Pastis nach. Die Fenchelknollen sind aber auch als Gemüse beliebt. Hier ein Rezept mit Fischfilets für Leute, die keine Gräten mögen. Man kann für dieses Gericht auch Wolfsbarsch oder Meeräsche verwenden. Wenn Sie dieses Fenchelrezept als Beilage zu anderen Gerichten servieren, werden die Knollen besser nicht in Streifen geschnitten, sondern nur längs halbiert.

Für den Sud: *500 g Fischgräten von Goldbrasse oder Seezunge, 1 Zwiebel, 2–3 Champignons, 1 Lorbeerblatt, etwas Fenchelkraut oder 5–6 Fenchelsamen, 200 ml Weißwein.*
400 g Fenchelknollen, Salz, 3 reife geschälte Tomaten, 3 EL Olivenöl, Pfeffer aus der Mühle, 600 g Goldbrassenfilet, 1 EL gehackte Schalotten, 200 ml Fischfond, 100 ml Fenchelsud, 2 TL Pernod, 20 g Butter, etwas Fenchelkraut zum Garnieren

Für den Sud: Beim Kauf der Fischfilets Gräten mitnehmen. Die Gräten abspülen und mit grobgeschnittener Zwiebel, den gescheibelten Champignons, Lorbeerblatt, Fenchel, Weißwein und gut 1/2 Liter Wasser 15 Minuten kochen, dann passieren. Den Fond auf die Hälfte einkochen.

Die Fenchelknollen putzen, Stielansätze und äußere, harte Blätter entfernen. Die Knollen 5 Minuten in kochendem Salzwasser überbrühen, abgießen, etwa 100 ml Fenchelsud behalten und Knollen unter fließendem Wasser abkühlen. Die Tomaten entkernen, kleinschneiden und in 2 Eßlöffel Olivenöl anbraten. Die Fenchelknollen längs in Streifen schneiden, auf die Tomaten legen, mit Salz und Pfeffer bestreuen und zugedeckt bei kleiner Hitze 30 Minuten garen. Je nach Größe der Fenchelknollen muß die Garzeit verlängert werden.

Die Fischfilets mit Salz und Pfeffer würzen. Die Schalotten in 1 Teelöffel Olivenöl anbraten. Fischfond und Fenchelsud zugeben und weiterkochen, bis die Sauce sämig wird. Mit Pernod abschmecken. Die Fischfilets im restlichen Olivenöl beidseitig bei kleiner Hitze leicht anbraten, dann abtropfen lassen und warmstellen. Butter in kleinen Stücken zugeben, mit der heißen Sauce im Mixer schaumig rühren. Nach Bedarf nachwürzen.

Fenchel auf vier vorgewärmte Teller verteilen. Je 1 Fischfilet darauflegen und mit Sauce umgießen. Mit Fenchelkraut garnieren.

Meerbarbenfilets mit Zucchini

Rougets aux courgettes

Hier ein Meerbarbenrezept für Leute, die Gräten fürchten. Man kann Rotbarben aber auch mit Haut ganz grillen. Auch auf der Hautseite angebraten schmecken sie hervorragend.

8 kleine Rotbarben zu etwa 90 g.
Für die Marinade: *3 EL Pfefferschotenöl, 1 EL gehacktes Basilikum, 1 EL gemischte Kräuter (Thymian, Kerbel, Salbei), 1 durchgepreßte Knoblauchzehe, Pfeffer aus der Mühle.*
2 kleine Zucchini, 1 große, reife geschälte Tomate, 1 EL feingehackte Schalotten, 1 Knoblauchzehe, 1 EL Olivenöl, Salz, Pfeffer, Olivenöl für das Blech

Fische schuppen und filetieren. Haut dranlassen.

Für die Marinade: Alle Zutaten für die Marinade und die Hälfte der Kräuter mischen. Filets in ein flaches Gefäß legen und mit Marinade beidseitig bestreichen. Restliche Marinade darüberträufeln. Mit Folie abdecken und 12 Stunden marinieren lassen. Ab und zu mit Marinade begießen.

Ungeschälte Zucchini in etwa 1 cm große Würfel schneiden. Tomate entkernen und ebenfalls würfeln. Schalotten und feingehackten Knoblauch in Olivenöl anbraten, Zucchiniwürfel dazugeben und bei mittlerer Hitze knapp garen, es soll keine Flüssigkeit austreten. Tomatenwürfel und Kräuter zufügen. Nachwürzen und kurz weiterdünsten. Rotbarben aus der Marinade nehmen, abtropfen lassen, mit wenig Salz bestreuen und mit der Hautseite nach oben auf ein geöltes Blech legen. Auf der obersten Schiene des Backofens unter der Heizspirale oder bei Oberhitze etwa 2 Minuten grillen. Gemüse anrichten und die Filets darauflegen.

Seeteufel im Ofen

Le gigot de mer

Die *lotte* oder *baudroie*, wie der Seeteufel auch heißt, hat schönes, festes Fleisch, was allerdings beim Zubereiten nicht ohne Tücken ist. Am besten schmeckt er kurzgebraten, gegrillt oder im Ofen zubereitet. Bei diesem Rezept läßt man die Mittelgräte, die wie ein Knochen aussieht, daran. Wer Knoblauch nicht besonders liebt, kann den Fisch nur mit etwas durchgepreßtem Knoblauch auf allen Seiten bestreichen.

Für 6 Personen:
2 kleine Zucchini, 1 Aubergine, 1 rote Paprikaschote, 2 Zwiebeln, 5 EL Olivenöl, Salz, Pfeffer, 8 Knoblauchzehen, 1 kg Seeteufel vom Schwanzstück, 1 Lorbeerblatt, 1 Zweiglein Rosmarin, 1 Sträußchen Kerbel, 1/4 Liter Weißwein, 4 Schalotten

Zucchini und Aubergine in grobe Würfel schneiden. Paprikaschote halbieren, entkernen und in 1 1/2 cm große Vierecke schneiden, Zwiebeln feinhacken. Gemüse und Zwiebeln in 3 EL Olivenöl andünsten, bis alles ganz leicht Farbe annimmt. Mit Salz, Pfeffer und 2 durchgepreßten Knoblauchzehen abschmecken und in einem länglichen Bräter verteilen. Restliche Knoblauchzehen schälen, je nach Größe vierteln oder achteln. Im Fischrücken Einschnitte anbringen und Fischfleisch mit Knoblauchstiften spicken. Mit Salz und Pfeffer bestreuen und auf das Gemüse legen. Mit dem restlichen Olivenöl beträufeln. Lorbeerblatt, Rosmarin und Kerbelsträußchen dazulegen. 1/8 Liter Weißwein zugießen. 30–35 Minuten im vorgeheizten Ofen bei 220 °C garen. Inzwischen gehackte Schalotten mit dem restlichen Weißwein 5 Minuten kochen. Stehenlassen, dann durch ein feines Sieb drücken. Es sollen ungefähr 2 Eßlöffel Flüssigkeit zurückbleiben. Diesen Extrakt vor dem Servieren über den Fisch verteilen.

Récolte
12% vol.

Seeteufel mit Paprikasauce

Lotte à la sauce au poivron doux

Der Fisch darf auf keinen Fall in der Sauce gekocht werden, sonst wird er hart.

800 g Seeteufel vom Schwanzstück, 300 g Fischgräten, 1 Knoblauchzehe, 2–3 Petersilienstiele, 6 Basilikumblätter, 6 weiße Pfefferkörner, 3 EL Weißwein.
Für die Sauce: *300 g rote Paprikaschoten, 2 EL gehackte Schalotten, 3 EL Olivenöl, 2 geschälte Tomaten, 6 Basilikumblätter, Salz, Pfeffer, 1 Prise Zucker*

Fischfleisch von der Gräte lösen und in 2 cm dicke Scheiben schneiden. Fischgräten gut abwaschen, mit geschälter Knoblauchzehe, Petersilienstielen, Basilikumblättern, Pfefferkörnern, Weißwein und etwa 1/8 Liter Wasser 15 Minuten bei kleiner Hitze ziehen lassen. Passieren und auf 3 EL Flüssigkeit einkochen. **Für die Sauce:** Paprikaschoten im heißen Backofen rösten, bis sie braune Flecken bekommen. In eine Schüssel legen, zudecken und abkühlen lassen, schälen, entkernen und in Stücke schneiden. Schalotten in 1 Eßlöffel Olivenöl andünsten. Paprika zugeben und kurz mitdünsten. Tomaten entkernen, würfeln und zufügen. Fischfond zugeben. Gemüse 5–7 Minuten bei kleiner Hitze weichgaren. Im Mixer pürieren. 2 Basilikumblätter in feine Streifen schneiden und zugeben. Sauce mit Salz, Pfeffer und Zucker abschmecken, warmstellen. Fischscheiben salzen, pfeffern und in 2 Eßlöffel Olivenöl braten, bis das Fischfleisch milchigweiß wird. Hitze regeln, daß kein Saft aus dem Fisch austritt. Fischscheiben sollen nur wenig Farbe annehmen. Fisch aus der Pfanne nehmen, 2–3 Minuten nachziehen lassen. Sauce anrichten und Fischscheiben daraufsetzen. Mit den restlichen Basilikumblättern garnieren.

de Pierrevert

Wolfsbarsch im Sud

Loup de mer des Martigues

Der *loup de mer* ist der vornehmste Fisch aus dem Mittelmeer, aber auch der teuerste.

Für 3 Personen:
2–4 EL kaltgepreßtes Olivenöl, 1 Wolfsbarsch von 1 kg, Salz, Pfeffer aus der Mühle, 1 Kerbelsträußchen, 2 große Zwiebeln, 2 Knoblauchzehen, 1 Lorbeerblatt, 1/4 Liter Weißwein, 2 Sardellenfilets nach Belieben.
Für die Sauce: *1/4 Liter Fischfond, 2 Eigelb, 2 EL kaltgepreßtes Olivenöl, 20 g Butter, 6 Sardellenfilets, Pfeffer, Saft von 1 Zitrone*

Eine ofenfeste Form mit 1 Eßlöffel Olivenöl bestreichen. Kochfertigen Fisch innen und außen mit Salz und Pfeffer bestreuen. Kerbelsträußchen in den Bauch legen. Zwiebeln in Ringe schneiden, mit den geschälten Knoblauchzehen auf dem Boden der Form verteilen. Lorbeerblatt dazulegen und Fisch darauflegen. Mit Weißwein und 1/8 Liter Wasser begießen. Wenig Salz oder gehackte Sardellenfilets zufügen. Pergament oder Alufolie mit Olivenöl bestreichen und mit der bestrichenen Seite auf den Fisch legen.

Backofen auf 180 °C vorheizen und Fisch 20 Minuten garen. Dabei Folie ab und zu entfernen und den Fisch mit dem Sud begießen.

Für die Sauce: 1/4 Liter Fischfond aus der Form nehmen und mit den leicht verquirlten Eigelb gut verrühren. In eine Pfanne geben und unter Rühren erhitzen, nicht kochen. Von der Heizquelle nehmen. Kaltgepreßtes Olivenöl und Butter zugeben. Tüchtig rühren, bis die Sauce ganz gebunden ist. Sardellenfilets feinhacken, dazumischen und Sauce mit Pfeffer und Zitronensaft abschmecken.

Fisch aus der Form nehmen, Haut abziehen. Am Tisch in Portionen zerlegen, nach Belieben mit kaltgepreßtem Olivenöl begießen, mit Pfeffer bestreuen und Sauce dazu servieren.

Thymian-Forelle in Blätterteig

Truite au thym en croûte

In der hintersten Ecke der Haute-Provence liegt Moustiers-Ste-Marie, eines der schönsten Dörfer Frankreichs. Frischgefangene Forellen aus dem Tal sind die Spezialität dieser Gegend. Die Forellen werden in Moustiers mitsamt den Gräten in Blätterteig gebacken, was beim Essen zu Problemen führen kann. Ich habe deshalb ein Rezept ohne Gräten ausgearbeitet.

4 nicht ausgenommene Forellen in Portionsgröße, 2 feingeschnittene Schalotten, 3 EL Weißwein, 4 Zweiglein Thymian, 20 g Butterflocken, Salz, Pfeffer, 500 g Blätterteig, 1 Eiweiß, 1 Eigelb, 1 EL Zitronensaft, Salz, 60 g frische Butter

Die Forellen nicht ausnehmen, sondern zuerst entgräten. Dazu mit einem scharfen, schmalen Filetiermesser beidseitig des Rückgrates einschneiden. Dann die Filets auf beiden Seiten von den Gräten lösen. Am besten werden die Filets weggeschabt, damit man nicht in das Fischfleisch schneidet. Das Rückgrat am Schwanzende und oben beim Kopf mit einer Schere durchschneiden und mitsamt den Seitengräten aus dem Fisch ziehen. Die Flossen entfernen, die Fische von oben ausnehmen und kalt abspülen.

Die Gräten mit den Schalotten, Weißwein und 4 Eßlöffeln Wasser etwa 15 Minuten auskochen. Durch ein Sieb passieren, den Fond wieder in den Topf zurückgeben und auf 2 Eßlöffel einkochen. Beiseite stellen.

Das Innere der Fische mit Küchenkrepp abtupfen. Je 1 Zweiglein Thymian und einige Butterflocken in den Bauch legen. Salzen und pfeffern. Eine Forelle auf ein Stück Papier legen. Die Fischform etwas größer nachzeichnen und ausschneiden. Diese Vorlage auf den 1/2 cm dick ausgerollten Teig legen und achtmal ausrädeln. Jede Forelle zwischen 2 Teigstücke legen. Die Ränder mit leicht verquirltem Eiweiß bestreichen und gut zusammendrücken. Zu einem Saum einrollen. Eigelb mit 1 Eßlöffel Wasser verrühren und die Oberfläche der Fische damit bestreichen. Nach Belieben garnieren, zum Beispiel Augen, Maul und Flossen formen. Etwa 20 Minuten im vorgeheizten Ofen bei 220 °C backen. Vor dem Servieren 5 Minuten ruhen lassen, damit die Fische nachgaren können.

Inzwischen die Saucenreduktion erhitzen, den Zitronensaft und wenig Salz beifügen. Die in Flocken geschnittene kalte Butter nach und nach unterrühren. Sobald die Sauce sämig ist, in eine Sauciere abgießen. Separat zu den Forellen servieren.

Gefüllte Tintenfische

Encornets farcis

Die Tintenfischsäcke nicht prall füllen, damit sie beim Schmoren nicht platzen.

8 Tintenfische (Kalmare) von etwa 10 cm Länge, 100 g Weißbrot, 1/4 Liter Milch, 250 g zarter Spinat, 1 gehackte Zwiebel, 1 EL gehackte Petersilie, 1 EL gehacktes Basilikum, 2 EL Olivenöl, 2 Eigelb, Salz, Pfeffer, 2 Knoblauchzehen.
Für die Sauce: *1 kleine gehackte Zwiebel, 1 Knoblauchzehe, 1 EL Olivenöl, 1/4 Liter Tomatensauce, 100 ml Weißwein, 1 Lorbeerblatt*

Tintenfische säubern: An den Fangarmen anfassen und den Kopf samt Darm herausziehen. Fangarme oberhalb des Kopfes abschneiden und aufheben. Knorpel aus dem Inneren herausziehen. Tintenbeutel entfernen. Alles gut waschen und mit Küchenkrepp trocknen. Brot in Stücke teilen, mit Milch begießen, auspressen und durch ein Sieb streichen. Spinat verlesen und waschen. Ohne Flüssigkeit in einem Topf erhitzen, zusammenfallen lassen, gut ausdrücken und hacken. Gehackte Fangarme mit Zwiebel und Kräutern im Olivenöl anbraten. Spinat zufügen und weiterdünsten, bis alle Flüssigkeit verdampft ist. Brot zufügen, kurz weiterdünsten. Masse etwas abkühlen lassen, dann verquirltes Eigelb darunterziehen. Mit Salz, Pfeffer und durchgepreßtem Knoblauch abschmecken. Tintenfischsäcke bis zu dreiviertel der Länge füllen. Mit Küchenfaden zunähen.

Für die Sauce: Zwiebel und feingehackten Knoblauch in Olivenöl andünsten. Tomatensauce (Rezept S. 41) und Weißwein zufügen. Mit dem Lorbeerblatt 5 Minuten kochen. Sauce in eine feuerfeste Form gießen, Tintenfische hineinlegen. Im vorgeheizten Backofen 20 Minuten bei 190 °C schmoren lassen. Nach der halben Garzeit mit Alufolie abdecken.

OLIVENÖL
Netto inhalt 250

Gefüllte Muscheln

Moules farcies

So werden Miesmuscheln in Sète und in Mèze gefüllt. Ab und zu gibt man im letzten Moment der Sauce etwas Aïoli bei, dadurch wird dieses Gericht allerdings etwas nahrhaft und zu schwer für eine Vorspeise.

Für 6 Personen:
2 kg Miesmuscheln, 1/4 Liter Weißwein, 1 große Scheibe Weißbrot, 200 ml Milch, 100 g gehacktes Geflügelfleisch, 1 gehackte Zwiebel, 1 EL gehackte Petersilie, 1 Knoblauchzehe, Salz, schwarzer Pfeffer aus der Mühle, 1 EL gemischte Kräuter (Rosmarin, Basilikum, Kerbel, Bohnenkraut, Majoran, Salbei, Thymian, Fenchel).
Für die Sauce: *500 g reife, geschälte Tomaten, 100 g gehackte Zwiebeln, 2 EL Olivenöl, 2 Knoblauchzehen, 2 Lorbeerblätter, 1/2 TL gehackter Thymian, 2 EL Tomatenmark, 100 ml Muschelsud, 50 ml Weißwein, 1 Prise Safran, Salz, Pfeffer*

Die Muschelschalen unter fließendem Wasser gut abbürsten. Den sogenannten „Bart“ mit daranhängendem Schlamm aus dem Inneren herausziehen. Nochmals kalt abspülen und kühl stellen.

Geputzte Muscheln mit Weißwein in eine große Pfanne geben und aufkochen. Auf kleinem Feuer zugedeckt kochen, bis die Muscheln sich öffnen, das dauert etwa 5 Minuten. Ungeöffnete Muscheln wegwerfen. Muschelsud aufbewahren. Brot zerkleinern, in heißer Milch einweichen und durchpassieren. Das Fleisch mit Brot, Zwiebel, Petersilie und durchgepreßtem Knoblauch gut mischen. Mit Salz, Pfeffer und Kräutern würzen. Jede Muschel mit dieser Masse füllen, und mit einer dünnen Schnur zubinden, damit sie sich beim Kochen nicht mehr öffnet.

Für die Sauce: Tomaten kleinschneiden. Die Zwiebeln in Olivenöl 2–3 Minuten glasig dünsten. Mit durchgrepreßtem Knoblauch, Tomaten, Lorbeerblättern, Thymian und Tomatenmark 1 Stunde leicht schmoren, bis ein dickes Mus entsteht. Die Sauce passieren und mit wenig Muschelsud verdünnen. Wein, Safran, Salz und Pfeffer zugeben. Etwas einkochen lassen. Gefüllte Muscheln auf eine feuerfeste Form legen, mit der Sauce übergießen und 20 Minuten bei 180 °C im vorgeheizten Backofen erwärmen, dabei mit Folie abdecken. Vor dem Servieren Schnürchen entfernen. Die Muscheln können bei 60–70 °C im Ofen warmgehalten werden.

LA BLAQU
Poivre

Provenzalische Miesmuscheln

Moules à la provençale

Diese Muscheln werden auf einfache Art mit einer sehr aromatischen Mischung aus Brot und Kräutern gefüllt und unmittelbar vor dem Essen kurz überbacken. So habe ich sie in Tarascon gegessen. Am besten verwendet man dafür kleine, französische Miesmuscheln. Die Füllung kann mit gehackten Champignons variiert werden.

2 kg Miesmuscheln, 2–3 Knoblauchzehen, 4 EL gemischte Kräuter (Petersilie, Basilikum, Rosmarin, Bohnenkraut, Majoran, Thymian), 4–6 EL kaltgepreßtes Olivenöl, Salz, Pfeffer, 100 ml Weißwein, 4 EL frisch geriebenes Weißbrot

Miesmuscheln unter fließendem Wasser mit einer Bürste abreiben, bis alle Unreinheiten entfernt sind. Den „Bart" auszupfen. Knoblauch feinhacken oder durchpressen und mit den gehackten Kräutern und der Hälfte des Olivenöls mischen. Mit Salz und Pfeffer abschmecken. Muscheln mit dem Weißwein in einen hohen Topf geben und aufkochen, bis sich die Schalen öffnen. Je eine Schalenhälfte entfernen. Die Muscheln kranzförmig auf feuerfeste Teller anrichten.

Den Sud passieren, auf die Hälfte einkochen und zur Kräutermischung geben. Diese mit einem Teelöffel auf die Muscheln verteilen. Darauf achten, daß die Füllung nicht danebenfällt. Jede Muschel mit wenig geriebenem Brot bestreuen. Mit dem restlichen Öl beträufeln und bei 220 °C Oberhitze 5–10 Minuten überbacken.

Gegrillte Langustinen mit Basilikumbutter

Langoustines au beurre de basilic

Diese schonende Art, delikate Krustentiere zu grillen, hat mir ein Spitzenkoch aus der Provence gezeigt. Man kann die Langustinen auch durch Langusten ersetzen.

8 große Langustinen (Kaisergranat) oder 4 kleine Langusten , 1 kg grobes Meersalz, 2 EL Basilikum, 100 ml kaltgepreßtes Olivenöl oder 50 ml Olivenöl und 50 g Butter, Salz, Pfeffer aus der Mühle

Langustinen roh halbieren. Bei Verwendung von lebenden Langusten diese ganz kurz mit dem Kopf voran in kochendes Salzwasser geben. Sofort wieder herausnehmen und samt Kruste längs halbieren. Darminhalt entfernen, aber den Rogen belassen. Ein Kuchenblech mit dem Meersalz bestreuen. Den Grill des Backofens auf 200 °C schalten und das Blech mit dem Salz auf der mittleren Schiene vorheizen. Basilikum hacken und mit Olivenöl mischen. Bei Verwendung von Butter diese in einer kleinen Pfanne mit dem gehackten Basilikum erwärmen, bis sie flüssig wird. Etwas erkalten lassen, dann Olivenöl dazumischen. Die Schnittflächen der Langustinen mit Salz und Pfeffer bestreuen und mit Olivenöl oder Buttermischung bestreichen. Wenn das Salz im Ofen heiß ist, Langustinen mit der Kruste nach unten darauflegen, Fleisch soll nicht mit dem Salz in Berührung kommen. Auf der obersten Schiene unter den Heizstäben 4 Minuten bei 200 °C garen. Mehrmals mit Öl oder Buttermischung bestreichen. Anrichten und restliches Öl oder Butter darüberträufeln. Als Abwandlung wird dem Öl oder der Butter etwas durchgepreßter Knoblauch zugefügt. Das Basilikum kann auch durch eine Kräutermischung ersetzt werden.

Languste nach Art der Provence

Langouste à la provençale

Man kann für dieses Gericht auch Fische mit festem Fleisch wie etwa Seeteufel oder Drachenkopf nehmen. Wem die Sauce zu deftig ist, läßt die Aïoli weg.

2 Langusten oder 8 Langustenschwänze, 1 große Zwiebel, 2 EL Olivenöl, 4 große geschälte Tomaten, 200 ml Weißwein, 4 EL mit Ei zubereitete Aïoli, Salz, Pfeffer, 1 Prise Zucker, Fenchelkraut oder 1 TL Pernod, 100 ml oder nach Bedarf Geflügelbrühe, 1 EL gehackte glattblättrige Petersilie

Lebende Langusten mit dem Kopf voran ins kochende Salzwasser geben und 4–5 Minuten bei niedriger Temperatur leicht ziehen lassen. Bei Verwendung von Langustenschwänzen diese nur 2–3 Minuten vorblanchieren. Langusten längs halbieren. Darminhalt entfernen. Rogen herausnehmen und aufheben. Gehackte Zwiebel in Olivenöl anbraten. Tomaten entkernen, in Stücke schneiden und etwas auspressen. 10–15 Minuten mit den Zwiebeln dünsten, bis ein Mus entsteht. Wein zugeben und weiterkochen. Inzwischen die Aïoli nach Rezept S. 82 zubereiten. Dafür nur 2 Knoblauchzehen zufügen. Rogen in die Aïoli einarbeiten, dafür Rogen zuerst mit dem hartgekochten Eigelb im Mörser zerstoßen oder im Mixer verrühren, dann Öl zufügen. Tomatenmus mit Salz, Pfeffer, Zucker und Fenchelkraut oder Pernod abschmecken. Langustenfleisch aus der Schale lösen und in etwa 2 cm dicke Scheiben schneiden. 2–3 Minuten im Tomatenmus ziehen lassen, dann herausnehmen. Nach Bedarf Geflügelbrühe zugeben. Aïoli unter die Sauce mischen. Sauce nach Belieben nachwürzen, anrichten. Langustenscheiben darauf verteilen und mit Petersilie bestreuen.

Languste in weißer Kapernsauce

Langouste en blanquette

Anstelle der *langouste* kann man ebenso Seeteufel, Drachenkopf oder Merlan verwenden.

Für den Sud: *2 Karotten, 1 Zwiebel, 1/4 Liter Weißwein, Salz, Pfefferkörner, 1 Lorbeerblatt, 1 Bouquet garni (1 Petersilienzweig, etwas Kerbel, 1–2 Sellerieblätter). 2 Langustenschwänze zu je 600 g mit Schale.*
Für die Sauce: *4 EL Olivenöl, 3 Knoblauchzehen, 1 Zwiebel, 1 EL Mehl oder Speisestärke, 4 EL Weißwein, 400 ml Langustenfond, Salz, Pfeffer, 1/4 Liter süße Sahne, 1 TL abgeriebene Zitronenschale, 1 EL Kapern, 1 EL glattblättrige Petersilie*

Für den Sud: Karotten in Rädchen, Zwiebeln in Streifen schneiden. Alle Zutaten für den Sud mit 1 Liter Salzwasser 10 Minuten kochen. Die Langustenschwänze hineingeben. Einmal aufwallen lassen, von der Kochstelle nehmen, 10 Minuten ziehen lassen. Fond durchpassieren, auf die Hälfte einkochen.
Für die Sauce: 4 Eßlöffel Olivenöl erhitzen. Durchgepreßten Knoblauch und gehackte Zwiebel darin kurz andünsten. Mit Mehl oder Speisestärke bestreuen und kurz mitdünsten. Mit Weißwein ablöschen und mit Langustenfond auffüllen. Mit Salz und Pfeffer würzen. Bei großer Hitze auf 300 ml reduzieren. Sahne und Zitronenschale zugeben, weiterkochen, bis die Sauce sämig wird. Sauce passieren, wieder in den Topf geben. Langustenschwänze und abgetropfte Kapern hineingeben und erwärmen, nicht kochen. Anrichten und mit feingehackter Petersilie bestreuen
Alternative: Der Sauce 1–2 Eßlöffel Walnußkerne zufügen und mit gehackten Walnüssen bestreuen oder Sauce mit 1 Eßlöffel trockenem Wermut verfeinern oder mit 1–2 Eigelb binden.

Fleischgerichte

Lammkoteletts im Kräutermantel

Côtelettes d'agneau panées aux herbes

1 EL feingehackte Rosmarinnadeln, 1 EL gehacktes Bohnenkraut, 2 EL gehackter Thymian, 1 Knoblauchzehe, Salz, Pfeffer, 8–10 Lammkoteletts, 2 Eier, 100 g frisch geriebenes Weißbrot vom Vortag.

***Für die Tomatensauce:** 500 g geschälte Tomaten, 2 EL gehackte Zwiebeln, 1 EL Olivenöl, 2 Knoblauchzehen, Basilikumblätter*

Kräuter mit durchgepreßtem Knoblauch, Salz und Pfeffer mischen. Koteletts darin wenden. Eier verquirlen und Koteletts hineintauchen, dann im Brot panieren.

Für die Tomatensauce: Tomaten quer halbieren, mit Salz bestreuen und 15 Minuten in einem Sieb abtropfen lassen, entkernen und kleinschneiden. Zwiebeln in 1 EL Öl glasig dünsten. Tomaten, durchgepreßten Knoblauch und 4 gehackte Basilikumblätter hineingeben. 15 Minuten zu einem Mus einkochen. Mit Salz und Pfeffer abschmecken. Koteletts beidseitig goldbraun braten. Mit der Tomatensauce und je 1 Basilikumblatt anrichten.

Lammrücken mit Kräutern

Selle d'agneau aux herbes

Auch Lammkarree läßt sich so lecker zubereiten.

Für 6 Personen:
2 EL Provence-Kräuter (Rosmarin, Basilikum, Thymian, Majoran, Bohnenkraut, Fenchel), 3 EL Olivenöl, 3 Knoblauchzehen, 1 Lammrücken von etwa 1,5 kg, Pfeffer, 2 EL Butter, 1 Lorbeerblatt, 1 Prise Zucker, 3 EL gehackte Petersilie, Salz, 2 EL Weißwein

Die Hälfte der Provencekräuter mit 2 Eßlöffel Olivenöl und 1 durchgepreßten Knoblauchzehe mischen. Fleisch mit Pfeffer einreiben und mit Kräutermarinade bestreichen. In ein Stück Aluminiumfolie einwickeln und mindestens 6 Stunden im Kühlschrank durchziehen lassen. Lammrücken aus der Folie nehmen. In eine Bratkasserolle legen, mit heißer Butter begießen, Lorbeerblatt zufügen und im vorgeheizten Backofen bei 220 °C 15 Minuten braten. 5 Minuten vor Ende der Bratzeit etwas Fett aus der Kasserolle nehmen und in eine Bratpfanne geben. Zucker und 2 durchgepreßte Knoblauchzehen darin 5 Minuten dünsten. Petersilie und die restlichen Kräuter dazumischen. 1–2 Minuten unter Rühren dünsten. Mit Salz und Pfeffer abschmecken. Lorbeerblatt entfernen und die Mischung über den Lammrücken verteilen. Mit dem restlichen Olivenöl beträufeln. Ofen abschalten und Fleisch, mit Aluminiumfolie abgedeckt, 5–10 Minuten darin belassen. Bratenfond mit Weißwein aus der Kasserolle lösen. Kurz aufkochen und in eine Sauciere geben. Fleisch dem Knochen entlang senkrecht, dann waagerecht herauslösen. Leicht schräg in 1 cm dicke Scheiben schneiden und mit Kernbohnen und Kartoffelgratin oder Knoblauchkartoffeln anrichten.

Lammkeule mit Puffbohnen

Gigot d'agneau des Alpilles aux fèves

Ein *gigot* ist der Inbegriff des Sonntagsbratens. Zu Hause mit der Familie wird das imposante Fleischstück mit einer Serviette am Knochen angefaßt, und das Familienoberhaupt schneidet zuerst die obere Nuß vom Knochen ab. Anschließend löst man die untere Nuß unterhalb des Gelenkes und um den Knochen. Dann schneidet man das Fleisch gekonnt in schrägen Scheiben von der Keule herunter. In Frankreich mag man das Fleisch *saignant*, also noch rot. Wer es *à point*, noch rosa wünscht, muß die Bratzeit um 5 bis 10 Minuten verlängern. Man kann auch getrocknete Puffbohnen verwenden. Sie werden wie weiße Bohnen in lauwarmem Wasser eingeweicht, separat knapp weichgekocht und dann wie beschrieben fertiggedünstet.

1 Lammkeule von etwa 1,4 kg, 4 Knoblauchzehen, Pfeffer aus der Mühle, 3 EL Olivenöl, 2 Karotten, 1 Zweiglein Rosmarin, 1 Zweiglein Selleriekraut, 1 Lorbeerblatt, Salz, 1/4 Liter Weißwein, 400 g frische Puffbohnen, 2 EL Butter, 2 EL gehacktes Bohnenkraut

Die Lammkeule vom Metzger vorbereiten lassen: Fettschicht entfernen, den Knochen kürzen lassen, damit die Keule in die Kasserolle paßt – aber Knochen mitnehmen.

Die Keule in Abständen von 3–4 cm mit der Spicknadel einstechen. In jede kleine Öffnung eine längs geviertelte Knoblauchzehe stecken. Mit Pfeffer bestreuen. Die Keule mit dem Beinknochen in eine Bratkasserolle legen. Mit Olivenöl begießen. Bei 180 °C im vorgeheizten Backofen langsam auf allen Seiten anbraten.

Die halbierten Karotten, Rosmarin, Selleriekraut und Lorbeerblatt zufügen. Das Fleisch salzen und 30–35 Minuten braten. Nach und nach Wein zufügen. Nach Ende der Bratzeit Ofen ausschalten. Das Fleisch bei offenem Backofen 8 Minuten ruhen lassen.

In der Zwischenzeit die Puffbohnen enthülsen und die Haut um die Kerne entfernen. In kochendes Salzwasser geben und 3–4 Minuten vorkochen, abgießen und kalt abspülen. Die Puffbohnen in Butter anbraten. Halb zugedeckt 10 Minuten dünsten. Die Puffbohnen zur Keule geben und im Bratensaft wenden. Die Keule mit den Bohnen anrichten.

Lammschulter mit Knoblauchpüree

L'aïado

Diese Lammschulter wird mit einer aromatischen Füllung bestrichen, eingerollt, knusprig gebraten und mit einer milden Knoblauchcreme serviert. Sie staunen sicher, daß dieses Gericht weniger nach Knoblauch schmeckt als andere, die nur mit einer oder zwei Zehen parfümiert werden. Durch das Schmoren der ganzen Knollen verliert der Knoblauch seine unangenehme Aufdringlichkeit.

Für 2–3 Personen:
1 entbeinte Lammschulter von etwa 700 g, 4 EL gehackte Petersilie, 2 Knoblauchzehen, 2 EL Olivenöl, 3 EL geriebenes Weißbrot, Salz, Pfeffer, 4 ganze Knoblauchknollen, 100 ml Weißwein

Lammschulter auf dem Tisch ausbreiten. Petersilie mit durchgepreßtem Knoblauch in 1/2 Eßlöffel Olivenöl ganz kurz dünsten. Mischung auf dem Fleisch verteilen. Mit geriebenem Brot, Salz und Pfeffer bestreuen. Aufrollen und mit Küchenfaden zusammenbinden. Restliches Öl erhitzen. Fleisch hineingeben und auf allen Seiten gut anbraten. Mit Salz und Pfeffer bestreuen. Knoblauchknollen ungeschält quer halbieren. Mit der Schnittfläche nach unten in den Topf geben, kurz anbraten, dann wenden. Lammfleisch auf der Herdplatte oder im Ofen 40–50 Minuten schmoren lassen, ganz zartes Lamm nur ungefähr 30 Minuten garen, es sollte noch rosa bleiben. Von Zeit zu Zeit etwas Wein zugeben. Knoblauchknollen aus dem Topf nehmen. Weichen Knoblauch aus den Zehen lösen. Im Mixer mit 2–3 Eßlöffeln Bratensaft pürieren, warm als Beilage dazu servieren. Fleisch in Scheiben schneiden, Küchenfaden entfernen und mit Bratensaft begießen.

CABRO D'OR
BOUTEILLE AU DOMAINE
VIN DE TABLE
FRANCE

Lamm im Ofen

Carbonnade d'agneau

Auch Lammkeule und Lammschulter kann man in Würfel geschnitten auf diese Art zubereiten, dann aber die Schmorzeit etwas verlängern. Auch Rinderschnitzel aus dem Vorderviertel oder der hohen Rippe lassen sich so zubereiten.

Für 6 Personen:
3 Knoblauchzehen, 6 dicke Scheiben Lammkeule mit dem Knochen geschnitten, Rosmarinnadeln, Salz, Pfeffer, 4 EL Olivenöl, 400 g Karotten, 400 g kleine weiße Rüben, 1 Lauchstengel, 250 g Stangensellerie, 12 kleine Schalotten, 100 g kleine Speckwürfel, 4 große geschälte Tomaten, 1 Prise Zucker, 1 Kräutersträußchen (Rosmarin, Basilikum, Bohnenkraut, Petersilie), 1/4 Liter Rosé aus der Provence

2 Knoblauchzehen in Stifte schneiden. Fleischscheiben am Knochen etwas einschneiden und mit Knoblauch und Rosmarinnadeln spicken. Fleisch salzen, pfeffern und beidseitig rasch in 2 Eßlöffel Olivenöl anbraten. Die Scheiben sollen schön Farbe annehmen. Beiseite stellen. Karotten, Rüben, Lauch und Sellerie putzen. Alle Gemüse in kleine Würfel schneiden. Schalotten schälen und längs halbieren. Alles im restlichen Öl anbraten. Speckwürfel zugeben und kurz mitdünsten. Tomaten entkernen, würfeln, zufügen und unter Rühren 3–4 Minuten dünsten. Mit Salz, Pfeffer, Zucker und 1 durchgepreßten Knoblauchzehe abschmekken. Eine ofenfeste Form mit Deckel aus Gußeisen oder Ton mit Öl bestreichen. Etwas Gemüse auf dem Boden verteilen, lagenweise Fleisch und Gemüse einfüllen. Kräutersträußchen dazulegen. Wein angießen. Ofen auf 240 °C aufheizen. Gericht zugedeckt bei 150 °C im Ofen 1 3/4 Stunden schmoren. Herausnehmen und Flüssigkeit ohne Deckel etwas einkochen. Nach Bedarf würzen.

Gefüllte Schweinekoteletts im Mantel

Côtelettes de porc en crépine

Noch feiner wird das Gericht mit Kalbskoteletts und Kalbsleber.

5 EL Olivenöl, 2 EL gehackte Petersilie, Salz, 4 Schweinekoteletts, 1 Schweinsnetz, 100 g Schweineleber, 50 g Magerspeck, 1 Knoblauchzehe, Pfeffer, 1 Ei, 100 g frischgeriebenes Weißbrot vom Vortag

3 Eßlöffel Olivenöl, Petersilie und Salz mischen. Schweinekoteletts beidseitig damit bestreichen. In ein Gefäß legen. Mit der restlichen Marinade beträufeln. Zugedeckt 4–5 Stunden stehen lassen. Schweinsnetz in Wasser legen. Leber und Speck feinhacken. Mit durchgepreßtem Knoblauch und der restlichen Petersilie mischen. Mit Salz und Pfeffer abschmecken. Koteletts beidseitig rasch in 1 Eßlöffel Olivenöl anbraten. Schweinsnetz abtropfen lassen, ausbreiten und in 4 etwa 15–20 cm große Stücke schneiden. Füllung darauf verteilen. Koteletts darauflegen und abkühlen lassen, dann in die Schweinsnetze einwickeln. Fleischpäckchen durch das verquirlte Ei ziehen und in den Weißbrotbröseln wenden. Panade gut andrücken. Koteletts auf ein mit Olivenöl bestrichenes Blech legen. Mit 1 Eßlöffel Öl bestreichen und unter dem Grill oder auf der obersten Schiene im auf 220 °C vorgeheizten Backofen 10 Minuten goldgelb backen. Man kann die Koteletts auch auf den Grill legen, dann den Rost mit einer Aluminiumfolie bespannen, damit die Panade nicht schwarz wird.

Dazu paßt Gemüsegratin besonders gut. Allerdings sollte es nicht mit geriebenem Brot überbacken werden, weil die Koteletts bereits paniert sind.

Schweinefilet mit Salbei

Filet de porc à la sauge

Wer das Gericht etwas rustikaler wünscht, kann dafür auch ein Kotelettstück ohne Knochen oder mageren Schweinehals verwenden. Das Geheimnis des zarten Fleisches und des delikaten Geschmacks ist das Marinieren in Weißwein. Das Filet gelingt weniger gut, wenn während des Bratens Marinade zugegeben wird, weil es nach dem Anbraten durch die Flüssigkeit nicht braun wird, sondern wie gekocht aussehen würde. Bei Verwendung von Kotelettstücken oder Schweinehals muß die Bratzeit verlängert werden.

Für die Marinade: *200 ml Weißwein, 1 EL Olivenöl, 1 in Ringe geschnittene Zwiebel, 1 Lorbeerblatt, 1 Zweiglein Thymian, 3 Gewürznelken, 1 TL zerdrückte schwarze Pfefferkörner.*
1 Schweinefilet von etwa 600–700 g, 10 kleine, zarte Salbeiblätter, 3 EL Olivenöl, Salz, Pfeffer

Für die Marinade alle Zutaten mischen. Das Filet in ein enges Gefäß geben und mit der Marinade begießen. Ab und zu wenden. Herausnehmen und mit Küchenpapier sehr gut trocknen, dann an verschiedenen Punkten mit einem spitzen Messer einschneiden. Mit Salbeiblättern spicken, dabei die etwas größeren Blätter längs halbieren. Marinade passieren. Filet mit Salz und Pfeffer einreiben und auf allen Seiten in Olivenöl anbraten. Mehrmals wenden. Nach 20–25 Minuten herausnehmen, warmstellen und 4–5 Minuten abstehen lassen. Den Bratenfond mit der passierten Marinade lösen. Stark einkochen lassen, bis eine sehr konzentrierte Sauce entsteht. Separat zum Fleisch servieren. Zu diesem Fleisch paßt Zucchinigratin sehr gut.

LA BLAQUE
04860 Pierrevert
12 % vol.
VIN DELIMITE DE QUALITE SUPERIEURE
Pierrevert

Rindfleischtopf aus der Camargue

Daube des gardians

In der Provence verlangt man vom Metzger verschiedene magere bis fette Rindfleischstücke aus verschiedenen Körperpartien. Das Gericht wird durch Aufwärmen noch besser.

Für 6 Personen:
1 Orange, 4 Zwiebeln, 1 Lorbeerblatt, 2 Gewürznelken, 2 Karotten, 5 Knoblauchzehen, 1 Zweig Rosmarin, 1 Zweig Thymian, Pfefferkörner, Salz, 1 Prise Zucker, 1,5 kg Rindfleisch (verschiedene Fleischstücke vom Vorderviertel), 1 halbierter Kalbsfuß, 1/2 Liter roter Côtes du Rhône, 100 g geräucherter Bauchspeck, 5 EL Olivenöl, 3 EL Tomatensauce

Orange gut waschen, sehr dünn abschälen, so daß eine Spirale entsteht. 1 Zwiebel halbieren und mit dem Lorbeerblatt und den Nelken spicken. Die anderen Zwiebeln in je 6 Schnitze schneiden. Karotten schälen, längs halbieren und in der Mitte durchschneiden. Alles in eine Schüssel geben. Geschälte Knoblauchzehen und Kräuter dazulegen. Pfefferkörner leicht zerdrücken und mit wenig Salz und Zucker zufügen. Fleisch in 3 1/2 cm große Würfel schneiden. Mit den übrigen Zutaten gut mischen. Kalbsfuß darauflegen. Wein angießen. Mit Folie abdecken und über Nacht im Kühlschrank marinieren lassen. Speck in kleine Würfel schneiden. In einem gußeisernen Topf in Olivenöl anbraten. Tomatensauce (Rezept S. 41) zugeben und kurz dünsten. Fleisch und Marinade zufügen, salzen. Aufkochen lassen, bei sehr kleiner Flamme auf dem Herd oder im Ofen bei 150 °C zugedeckt 2–3 Stunden schmoren lassen. Dann Sauce auf dem Herd etwas einkochen lassen. Dieses Gericht wird meistens mit Makkaroni serviert.

Fleischragout mit weißen Bohnen

Ragoût aux haricots blancs

Auch in der Provence pfeift einem ab November der Mistral oft um die Ohren, man setzt sich dann gerne vor ein Kaminfeuer und ißt etwas Deftiges und kräftig Gewürztes. In dieses Gericht gehören Lamm, Schweinefleisch und *petit salé*, das ist Speck aus dem Salz, der nur gepökelt, aber nicht geräuchert ist.

Für 4–5 Personen:
400 g getrocknete weiße Bohnen, 2 Zwiebeln, 2–3 Petersilienstiele, 500 g Lammschulter, 200 g gepökelter Speck, 200 g magerer Schweinehals, 3 EL Olivenöl, Salz, Pfeffer, 2 Knoblauchzehen, 1 kg geschälte Tomaten, Petersilie, 1 Thymianzweig, 1 Lorbeerblatt, 1/8 Liter Fleischbrühe, 2 EL gehackte Petersilie

Bohnen am Vorabend in lauwarmem Wasser einweichen. Wasser abgießen. 1 Liter Wasser mit 1 halbierten Zwiebel und Petersilienstielen aufkochen, Bohnen zugeben und 25 Minuten kochen. In der Zwischenzeit Fleisch und Speck in 1 1/2 cm große Würfel schneiden. In Olivenöl von allen Seiten leicht anbraten. Mit Salz und Pfeffer würzen. Zweite Zwiebel hakken, Knoblauch durchpressen und beides zugeben. Tomaten entkernen und kleinschneiden. Mit Petersilie, Thymian und Lorbeerblatt kurz mitdünsten. 2–3 Eßlöffel Fleischbrühe zugeben. Zugedeckt bei kleiner Hitze 1 Stunde schmoren, nach Bedarf Brühe nachgießen. Sobald die Bohnen knapp gar sind, Wasser abgießen, Zwiebelhälften und Petersilienstiele entfernen und Bohnen zum Fleisch geben. Nochmals 20 Minuten zugedeckt garen. Anrichten und mit der Petersilie bestreuen. Wer Knoblauch sehr gern mag, kann mit der Petersilie zum Schluß eine gehackte Zehe dazugeben.

Kräuter-Fleischvögel

Alouettes sans tête

Wenn es schnell gehen soll, nimmt man statt der Rindsrouladen auch dünne Fleischscheiben aus der Hüfte oder dünne Kalbsschnitzel.

Für 10–12 Röllchen:
50 g gepökelter Speck, 1 große gehackte Zwiebel, 30 g Weißbrot ohne Kruste, 2 EL Olivenöl, 3 große Champignons, 150 g gehacktes Kalbfleisch oder Geflügelfleisch, 1 EL gehackte Petersilie, 1 EL gehacktes Basilikum, Salz, Pfeffer, Muskatnuß, 1 Prise Koriander, 1–2 Knoblauchzehen, 10–12 dünne Rindsrouladen, 1/4 Liter Wein, 3 EL Tomatensauce

Speck in sehr kleine Würfel schneiden, braten, bis das Fett austritt. Zwiebel zufügen und 5 Minuten unter Rühren dünsten. Brot mit heißem Wasser übergießen und gut ausdrükken. Passieren und mit 1/2 Eßlöffel Olivenöl zu den Zwiebeln geben. Unter Rühren Flüssigkeit etwas verdampfen lassen. Herausnehmen und erkalten lassen. Champignons feinhacken. In 1/2 Eßlöffel Olivenöl dünsten, bis sie Flüssigkeit abgegeben haben. Mit Fleisch, Petersilie und Basilikum unter die Masse mischen. Mit Salz, Pfeffer, Muskatnuß, Koriander und durchgepreßter Knoblauchzehe abschmecken. Rouladen ausbreiten, noch etwas dünner klopfen. Mit Salz und Pfeffer bestreuen. Kleine Rollen aus der Masse formen und in Rouladen wickeln, mit Zahnstochern oder Rouladenklammern fixieren, mit Salz und Pfeffer bestreuen. Im restlichen Olivenöl auf allen Seiten gut anbraten. Wein und Tomatensauce (Rezept S. 41) beifügen. 1 Stunde halb zugedeckt schmoren. Sauce mit Salz und Pfeffer, nach Belieben mit Knoblauch abschmecken. Fleischscheiben aus der Hüfte oder Kalbsschnitzel wie oben füllen, 1 Teelöffel Tomatenpüree zugeben, 20 Minuten braten und Fond mit Fleischbrühe lösen.

Gefülltes Hähnchen mit Knoblauch

Coquelets farcis à l'ail

Ein Hähnchen mit einer sehr interessanten Brotfüllung und denkbar einfacher Zubereitung: Das gefüllte Hähnchen kommt mit Basilikum und Knoblauch in eine passende Ton- oder Porzellanform, diese wird luftdicht mit Teig verschlossen und im Ofen ihrem Schicksal überlassen. Beim Öffnen entströmt der Form ein herrlicher Duft. Anstelle von Brotteig kann der Teig auch nur aus Mehl und Wasser zubereitet werden. Ein Römertopf hat für dieses Gericht die richtige Größe.

180 g kleine Weißbrotwürfel ohne Kruste, 1/4 Liter Olivenöl, 1 ganze Knolle Knoblauch, 2 Hähnchen zu je 500 g oder 1 größeres, Salz, Pfeffer, 4 kleine Basilikumzweige, 2 Zweiglein Rosmarin, 1 kg Brotteig

Die Weißbrotwürfel auf allen Seiten in einer großen Bratpfanne in 4 Eßlöffel Olivenöl goldgelb rösten. 6 Knoblauchzehen durchpressen und die Brotwürfel damit mischen. Hähnchen innen und außen salzen und pfeffern. Die beiden Hähnchen mit dem Brot füllen und 3–4 zerzupfte Basilikumblätter dazulegen.

Zwei passende Terrinenformen mit Deckel innen mit Öl bestreichen. Die restlichen Knoblauchzehen ungeschält hineinlegen. Die restlichen Basilikumblätter darauf verteilen und die Rosmarinzweiglein dazulegen, Hähnchen daraufsetzen. Mit dem Deckel schließen. Den Brotteig zu zwei langen Rollen formen. Deckel und Terrine damit dicht verschließen.

Die beiden Terrinen in den vorgeheizten Ofen schieben und 50 Minuten bei 220 °C garen. Den Brotteig entfernen und Hähnchen im Topf auf den Tisch bringen. Zu jedem Fleischstück etwas Füllung servieren.

Kleines Grillhähnchen mit Zitronenlauch

Coquelet grillé au poireau

Thymian und Zitrone machen Lauch delikat.

Für 2 Personen:
2 kleine Hähnchen zu je 500 g oder 1 großes Brathuhn, Salz, Pfeffer, 1 Lauchstange, 2 Zitronen, 4 EL Olivenöl, 2 Zweiglein Thymian, 1 EL gehackter Thymian

Hähnchen auf den Rücken legen und mit einem großen Messer dem Rückgrat entlang aufschneiden. Rückenknochen und nach Möglichkeit beidseitig der Öffnung auch die größeren Knochen entfernen. Hähnchen mit der Hautseite nach unten auf den Tisch legen. Bei den Schenkelgelenken etwas einschneiden. Mit dem Fleischhammer flachklopfen, Hähnchen mit Salz und Pfeffer einreiben. Lauch in Ringe schneiden. In ein oder zwei flachen Gefäßen verteilen. Hähnchen mit der Hautseite nach unten hineinlegen. Eine Zitrone in Scheiben schneiden und Hähnchen damit bedecken. Mit 2–3 Eßlöffeln Olivenöl begießen. Thymianzweige dazulegen. Mit einer Folie abdecken und im Kühlschrank mindestens 6 Stunden marinieren lassen. Zitronenscheiben entfernen. Ein flaches feuerfestes Gefäß im Ofen bei 250 °C vorheizen. Hähnchen mit der Hautseite nach unten hineinlegen. Zitronenscheiben daneben anordnen. 10 Minuten garen lassen, dann den Lauch dazulegen und das Ganze mit 1–2 Eßlöffeln Öl beträufeln. Die zweite Zitrone auspressen und den Saft darüber verteilen. Hähnchen wenden. Je nach Größe 10–15 Minuten weiterbraten, den gehackten Thymian darübergeben. Noch 5 Minuten im Ofen belassen. Herausnehmen und 3–4 Minuten vor dem Zerteilen ruhen lassen. Bei Verwendung eines großen Brathuhns die Bratzeit etwas verlängern.

Hähnchen in Zitronensauce

Poulet au citron

Paßt als Vorspeise oder als Hauptgericht.

1 Brathähnchen oder 1 Poularde von etwa 1,2 kg, 4 EL kaltgepreßtes Olivenöl, 2 Tomaten, 2 Zwiebeln, 2 Zitronen, 1 halbierter Kalbsfuß oder 250 g Kalbsbrustknochen, 2 Karotten, 2 Knoblauchzehen, 1 Kräutersträußchen (1 Lorbeerblatt, je 1 Zweig Sellerie, Thymian und Petersilie), 200 ml Weißwein, 200 ml Geflügelbrühe, 4–5 Korianderkapseln, Salz, Pfeffer, 1 EL gehackter Kerbel

Hähnchen oder Poularde in 6–8 Stücke teilen. In 1 1/2 Eßlöffel Olivenöl anbraten. Tomaten entkernen, kleinschneiden und mit 1 gehackten Zwiebel dazugeben. Mit dem Saft von 1/2 Zitrone ablöschen. Bei kleiner Hitze 20 Minuten schmoren. Kalbsfuß oder Brustknochen in 1 1/2 Eßlöffel Olivenöl anbraten. Zwiebel grobschneiden und Karotten in Scheiben. Beides zufügen und mitdünsten. Knoblauchzehen schälen, in Scheibchen schneiden und mit dem Kräutersträußchen zufügen. Mit Weißwein ablöschen, aufkochen, Geflügelbrühe und zerdrückten Koriander zugeben. 1 Stunde kochen oder im Schnellkochtopf nur 20 Minuten. 1 Zitrone waschen, dünn schälen, Julienne-Streifen abschneiden, 1 Minute in kochendes Wasser geben, abtropfen lassen. Hähnchenstücke aus dem Topf nehmen. Brühe passieren. Karotten und passierte Brühe vom Kalbsfuß zum Bratenfond des Hähnchens geben. Auf die Hälfte einkochen. Fleischstücke und die Hälfte der Zitronen-Julienne zur Sauce geben. Gut mischen und 5 Minuten ziehen lassen. Mit Zitronensaft, Olivenöl, Salz und Pfeffer abschmekken. Mit Julienne und Kerbel bestreuen, kalt servieren.

Gefülltes Hähnchen mit schwarzen Feigen

Poulet farci aux figues noires

Besonders typisch wird dieses Gericht, wenn man den roten Vollreis aus der Camargue verwendet.

100 g roter Reis aus der Camargue, Naturreis oder polierter Reis, 1 gehackte Zwiebel, 4 EL Butter, 1 Brathähnchen oder 1 Poularde von etwa 1,2 kg mit Leber und Herz, 100 ml Rotwein, 400 ml Geflügelbrühe, Salz, Pfeffer, 1/2 EL Honig, 5 dunkle Feigen, Cayennepfeffer, 4 EL kaltgepreßtes Olivenöl

Reis kalt abspülen, bis das Wasser nicht mehr trübe ist. Zwiebel in 3 Eßlöffel Butter bei kleiner Hitze weichdünsten. Hühnerleber putzen und mit dem Herz kleinschneiden. Zu der Zwiebel geben, knapp gardünsten. Reis zufügen und weiterdünsten, bis die Reiskörner glasig werden. Zuerst Rotwein, dann Geflügelbrühe zufügen und 70 Minuten garen lassen, wenn Sie normalen Naturreis verwenden, nur 45–50 Minuten, bei poliertem Reis 15–18 Minuten. Der Reis sollte nur knapp gar werden. Mit Salz, Pfeffer und Honig abschmecken. 3 Feigen in je 8 Schnitze schneiden. Diese in der restlichen Butter rasch anbraten. Unter den Reis mischen. Mit Salz, Pfeffer und Cayennepfeffer abschmecken. Hähnchen oder Poularde innen und außen mit Salz und Pfeffer einreiben. Mit der Reismasse füllen und mit Küchenfaden zunähen. Mit etwas Cayennepfeffer bestäuben und mit Olivenöl bestreichen. Dafür eignet sich auch das Pfefferschotenöl (Rezept S. 21). Backofen auf 220 °C vorheizen und Hähnchen in einer Kasserolle 55–60 Minuten schmoren. Aus dem Ofen nehmen, nach 3–4 Minuten tranchieren. Restliche Feigen halbieren. Mit der Schnittfläche nach unten in Butter erhitzen, als Garnitur servieren.

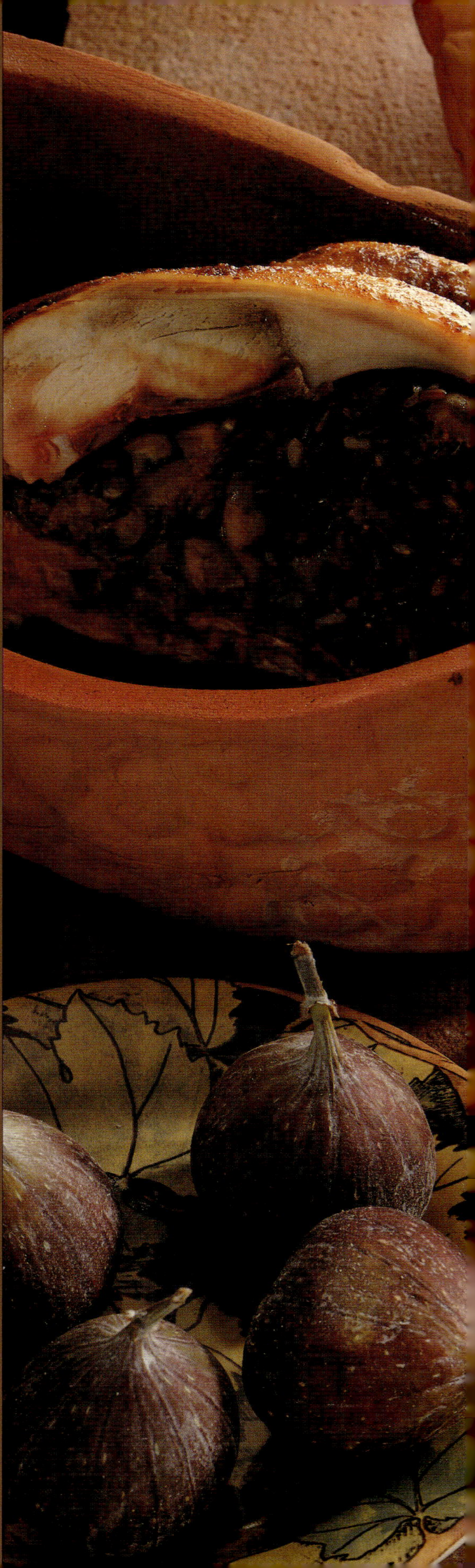

Safranhühnchen

Poule au riz au safran

Eine vorzügliche Art, junge Suppenhühner oder Poularden voll zur Geltung zu bringen.

1 Zwiebel, 1 Lorbeerblatt, 1 Gewürznelke, 1 kleines, junges Suppenhuhn oder 1 Poularde, 2 große Karotten, 1 Tomate, 1 Bouquet garni (Petersilie, Sellerie, Kerbel, Thymian), 5 Pfefferkörner, 2 Knoblauchzehen, 2 Liter Geflügelbouillon, 200 ml Weißwein, 25 g Butter, 2 EL Mehl.
***Für den Reis:** 2 EL Olivenöl, 1 gehackte Zwiebel, 250 g Rundkornreis (Vialone oder Arborio), 2 Prisen Safranfäden, Salz, Pfeffer, Muskatnuß, 2 Eigelb, Saft von 1/2 Zitrone*

Zwiebel mit Lorbeerblatt und Gewürznelke spicken. Das küchenfertige Huhn mit gespickter Zwiebel, geviertelten Karotten, Tomate, Bouquet garni, Pfefferkörnern, Knoblauch, Geflügelbouillon und Wein in einen hohen Topf geben. Zugedeckt 1 1/2–2 Stunden oder je nach Qualität und Alter des Huhnes länger kochen. Ungefähr 20 Minuten vor Ende der Kochzeit Butter in einem Topf schmelzen, Mehl zugeben und anschwitzen lassen. Nach und nach 1/2 Liter von der Bouillon unter Rühren zugeben. 15 Minuten bei kleiner Hitze kochen. Immer wieder umrühren.
Für den Reis: 2 Eßlöffel Olivenöl erhitzen, Zwiebel darin hellgelb dünsten. Reis, 3/4 Liter Geflügelbouillon und Safranfäden zufügen. 15 Minuten bei kleiner Hitze und gelegentlichem Umrühren kochen. Würzen und 3 Minuten weitergaren. Eigelb verquirlen. Mit wenig Bouillon mischen, zur Sauce geben. Erhitzen, aber nicht ganz kochen, bis die Sauce gebunden ist. Mit Salz, Pfeffer und Zitronensaft abschmecken. Reis anrichten, eine Vertiefung in den Reis drücken. Huhn zerteilen, hineinlegen und mit Sauce begießen. Restliche Sauce separat servieren. Karotten dazulegen.

Gastronomie

Junges Perlhuhn mit Kapern

Pintade en capilotade

Capilotades heißen verschiedene Saucengerichte mit Geflügel. Meistens handelt es sich dabei um helle, aromatische Saucen, die Kapern enthalten.

2 junge Perlhühner zu etwa 800 g, 1 EL Olivenöl, 1/4 Liter Hühnerbrühe, Salz, Pfeffer, 2 Knoblauchzehen, 1 Prise Zucker, 1 EL frischgehackte Kräuter (Rosmarin, Basilikum, Thymian, Salbei, Bohnenkraut), 1 Lorbeerblatt, 1/2 Lauchstengel, 1 Karotte, 1 Zweig Selleriekraut.
***Für die Sauce:** 3 große rote Zwiebeln, 2 EL Olivenöl, 1/4 Liter Weißwein, 1 TL Weißweinessig, 2 EL Tomatenmark, 3 EL Sahne, 2 EL Kapern*

Die Perlhühner in 4 Stücke teilen. In Olivenöl leicht anbraten. Brühe zufügen, mit Salz, Pfeffer, durchgepreßtem Knoblauch, Zucker und Kräutern würzen. Lorbeerblatt, Lauch, Karotte und Selleriekraut beigeben. Zugedeckt 25–30 Minuten schmoren lassen.

Für die Sauce: Zwiebeln feinhacken. In einer zweiten Pfanne im Öl glasig dünsten. Sobald sie hellgelb werden, Wein und Essig zufügen. Zugedeckt schmoren lassen, bis ein dickes Mus entsteht. Mit Tomatenmark mischen. Diese Sauce zu den Perlhühnerstücken geben. 5–6 Minuten mitziehen lassen. Das Fleisch aus dem Topf nehmen und warmstellen. Die Sauce mit der Sahne gut verrühren. 3–4 Minuten auf kleinem Feuer kochen lassen. Die abgetropften Kapern zufügen, nachwürzen und die Sauce über das Fleisch gießen.

Frisches Brot und Wein aus der Provence passen am besten dazu.

Salines Cérébos
et de Bayonne
12 Cours Albert-1er
75383 PARIS
cedex 08
auxiliaire
de fabrication
carbonate
de magnésie
maxi 2 %
emb 54159 A
TENIR AU SEC

Kaninchen mit Oliven

Lapin aux olives

Dieses Gericht wurde früher sehr oft mit Wildkaninchen, den *lapins de garenne*, zubereitet. Leider sind sie durch Seuchen dezimiert und deshalb sehr selten geworden. Es schmeckt aber auch mit Hauskaninchen sehr gut. Anstelle der Brotscheiben kann man gebratene Auberginenscheiben zugeben oder Kartoffeln mitkochen.

1 kg Kaninchen in Stücke geschnitten, Salz, schwarzer Pfeffer, 4 EL Olivenöl, 1 Zwiebel, 1/4 Liter Weißwein, 4 Knoblauchzehen, 1 Kräutersträußchen (1/4 Petersilie, 1/2 Thymian, 1/4 Basilikum), 1 Lorbeerblatt, 300 g kleine neue Kartoffeln, 1/8 Liter Geflügelbouillon, 50 g schwarze Oliven, 4 Scheiben Pariserbrot

Die Kaninchenstücke salzen und pfeffern. In 3 Eßlöffel Olivenöl auf allen Seiten anbraten. Zwiebel feinschneiden und zufügen, kurz mitdünsten. Mit Weißwein ablöschen. 2 ganze, ungeschälte Knoblauchzehen, Kräutersträußchen und Lorbeerblatt beifügen. 15 Minuten schmoren lassen. Das Fleisch herausnehmen. Geschälte Kartoffeln und die Geflügelbouillon zugeben. Zirka 20 Minuten weitergaren. Das Fleisch wieder zugeben. Die Oliven entsteinen, kleinschneiden und beigeben. 5–10 Minuten bei kleiner Hitze mitschmoren lassen.

Inzwischen die Brotscheiben beidseitig im restlichen Öl anbraten und mit durchgepreßtem Knoblauch beträufeln. Fleisch aus dem Topf nehmen. Die Sauce mit Salz und Pfeffer abschmecken. Das Kräutersträußchen herausnehmen. Das Gericht mit den Brotcroûtons garnieren.

TORCHON

Kaninchen mit Sardellen

Lapin à l'anchoïade

Dieses Gericht verdankt seinen Namen dem *anchouiado*, einer pikanten Sardellenpaste, die man gerne aufs Brot streicht oder zu Grillfleisch serviert. Dieser Name kommt von *anchois*, der französischen Bezeichnung für Sardellen. Das Kaninchen im folgenden Rezept wird mit feingehackten Sardellen bestrichen, eingerollt und langsam mit Tomaten geschmort.

In Salz eingelegte Sardellen sollten vor der Verwendung in Wasser gelegt werden, damit sie das Gericht nicht versalzen; wegen der Sardellen kann man in den meisten Fällen auf das Nachsalzen verzichten.

1 ganzes Kaninchen von etwa 1,2 kg, 12 Sardellenfilets, 200 g Magerspeck, 24 Perlzwiebeln, 200 ml Weißwein, 6 große geschälte Tomaten, 1 EL Petersilie, 1 EL Kerbel, 1 TL schwarzer Pfeffer

Das Kaninchen vom Metzger entbeinen lassen, ohne daß es auseinanderfällt. Die Sardellen feinhacken. Kaninchen innen und außen mit 2/3 dieser Paste bestreichen. Dann das Fleisch parallel zum Rückgrat einrollen und mit Küchengarn festbinden. Den Speck in kleine Würfel schneiden und glasig braten. Sobald genügend Fett ausgetreten ist, Speckwürfel herausnehmen. Kaninchenrolle im Fett auf allen Seiten anbraten. Die Perlzwiebeln und die Speckwürfelchen zugeben. Kurz braten, dann mit Weißwein ablöschen. Den Weißwein auf die Hälfte reduzieren, die Tomaten entkernen, kleinschneiden, hinzugeben und halb zugedeckt 30–35 Minuten schmoren lassen. Öfters wenden. Restliche Sardellen zugeben. Mit den Kräutern und viel schwarzem Pfeffer bestreuen.

Kaninchen mit Thymian und Tomaten

Lapin en paquets

Ein besonders aromatisches Kaninchengericht, dank dem Thymian, dem idealen Kräutlein für dieses etwas fade Fleisch. In der Provence mischt man den herrlich duftenden Thymian einige Tage vor dem Schlachten unter das Kaninchenfutter, damit das Fleisch seinen Geschmack annimmt.

2 EL gehackter Thymian, 4 Knoblauchzehen, 1 kg Kaninchenragout (große, gleichmäßige Stücke), Salz, Pfeffer, 200 g dünn geschnittener Magerspeck, 2 Lorbeerblätter, einige Thymianzweige, 4 EL Olivenöl, 1 kg Tomaten, 2 EL gehackte Kräuter (Basilikum, Bohnenkraut, Rosmarin, Petersilie)

Den Thymian und den durchgepreßten Knoblauch mischen. Die Kaninchenstücke salzen, pfeffern, dann in der Thymianmischung wenden. Die Speckscheiben auf dem Tisch ausbreiten und je 1 Kaninchenstück mit 1/4 Lorbeerblatt und einem Zweiglein Thymian in den Speck einrollen, mit Küchenfaden zu Päckchen binden. In 2 Eßlöffel Olivenöl etwa 3 Minuten hellbraun anbraten.

Die Tomaten entkernen, kleinschneiden und im restlichen Olivenöl in einer gußeisernen Kasserolle 5–8 Minuten zu einem Mus dünsten. Mit Salz und Pfeffer abschmecken.

Die Kaninchenstücke darauflegen, mit den Kräutern bestreuen, zudecken und bei 180 °C im vorgeheizten Backofen 30–35 Minuten schmoren lassen.

Kutteln in Tomatensauce

Tripes à la niçoise

Die Kutteln können gut vorbereitet und ohne Garnitur vor dem Überbacken erhitzt werden. Gratinieren kann man auch mit Käse oder mit frischer Kräutermischung.

Für 6 Personen:
6 Karotten, 4 Selleriestangen, 1 kg vorgekochte Kutteln am Stück, 2 EL Olivenöl, 3 Zwiebeln, 5 geschälte Tomaten, 1 Kalbsfuß, 1 EL Tomatenpüree, 3 Knoblauchzehen, 2 TL Provencekräuter, 1 Lorbeerblatt, Salz, Pfeffer, 1/4 Liter Rotwein, 100 ml Bouillon, 2 EL Marc oder anderer Tresterschnaps, 2 EL gehackte Petersilie, 3 EL geriebenes Weißbrot, 20 g Butterflocken

Karotten schälen und in Scheiben, Sellerie schälen und in 1 cm große Stücke schneiden. Kutteln in Vierecke von etwa 3 cm schneiden oder Kuttelstreifen verwenden. Olivenöl erhitzen. Gehackte Zwiebeln anbraten, Tomaten kleinschneiden, mit Karotten und Sellerie dazugeben. Dünsten, bis ein Mus entsteht. Kutteln, Kalbsfuß, Tomatenpüree, 2 ungeschälte Knoblauchzehen, 1 Teelöffel Provencekräuter, Lorbeerblatt, Salz und Pfeffer beifügen. 1–2 Minuten mitdünsten. Mit Rotwein ablöschen, aufkochen, Bouillon zugießen. 1 1/2 Stunden zugedeckt im Ofen bei 180 °C schmoren. Kutteln mit Salz, Pfeffer und Marc abschmecken. Knoblauchzehen entfernen, Kutteln in eine Tonform geben. Kalbsfuß vom Knochen befreien, Fleisch kleinschneiden und unter die Kutteln mischen. Fleischmasse mit den restlichen Kräutern und 1 durchgepreßten Knoblauchzehe mischen. Mit geriebenem Brot und Butterflocken bestreuen. 5–10 Minuten im Backofen bei Oberhitze leicht gratinieren. Pariserbrot oder Salzkartoffeln passen gut dazu.

Leberküchlein mit Oliven

Crépinettes de foie de porc

Diese Küchlein verdanken ihren Namen der *crépine*, dem Schweinsnetz, einer mit Fettadern durchzogenen Membrane, die den Schweinemagen umhüllt.

Für 6–8 Küchlein:
2 große Schweinsnetze, 450 g Schweinsleber vom Metzger geputzt und gehäutet, 200 g Magerspeck, 80 g schwarze Oliven, 1 große Zwiebel, 50 g frischer Spinat, 1 Knoblauchzehe, 2 EL gehackte Petersilie, Salz, Pfeffer, Muskatnuß, Olivenöl zum Braten, 1/8 Liter Weißwein

Schweinsnetze in kaltes Wasser einlegen. Leber in Stücke schneiden. Speck würfeln. Beides 30 Minuten kühlstellen, dann separat durch den Fleischwolf drehen. Oliven entsteinen, trockentupfen und hacken. Zwiebel, Spinat und Knoblauch feinhacken. Zuerst Speck unter die Leber ziehen, dann Oliven, Zwiebeln, Spinat, Knoblauch und Petersilie dazumischen. Mit Salz, Pfeffer und Muskatnuß abschmecken. Masse in den Kühlschrank stellen.

Schweinsnetze auslegen, trockentupfen und in 15 cm große Vierecke schneiden. 18 etwa 45 g schwere Portionen von der Masse auf die Vierecke geben, zu runden Hacksteaks einpacken und formen. Darauf achten, daß die Enden gut übereinander liegen.

Olivenöl in einer großen Bratpfanne erhitzen. Leberküchlein beidseitig 4 Minuten braten. Aus der Pfanne nehmen. Weißwein zufügen und Bratfond lösen. Sauce sehr stark einkochen und Küchlein damit beträufeln.

Die Leberküchlein werden etwas brauner, wenn man sie vor dem Braten in wenig Mehl wendet. Dazu passen Knoblauchkartoffeln oder Ratatouille sehr gut.

MU

Kuchen und Desserts

Kleine Melonentörtchen

Tartelettes au melon

Sehr leicht und rasch zubereitete Törtchen, die man auch nach einem größeren festlichen Essen als Dessert servieren kann. Mit reifen Melonen zubereitet, sind sie besonders originell. Man kann auch je nach Jahreszeit und Marktangebot Pfirsiche, Äpfel oder Birnen auf diese Art servieren.

100 g Blätterteig, 1 TL flüssige Butter, 1 kleine Cavaillon-Melone oder Honigmelone, 1 EL Zitronensaft, 2 EL Zucker, 2 TL Muskatellerwein (muscat), 20 g Butterflocken

Den Blätterteig so dünn wie möglich ausrollen. 4 runde Plätzchen von etwa 10 cm Durchmesser ausstechen. Ein großes, rechteckiges Kuchenblech mit der flüssigen Butter bestreichen. Die Plätzchen darauflegen und mit einer Gabel ganz dicht nebeneinander einstechen. Melone schälen, halbieren und Kerne entfernen. In Schnitze schneiden und diese quer in ganz feine Scheiben. In eine Schüssel geben. Mit dem Zitronensaft, dem Zucker und dem Muskatellerwein mischen. 30 Minuten marinieren lassen. Dann Melonenscheiben abgießen und den Saft auffangen. Die Melonenscheiben dachziegelartig auf dem Teig anordnen. Sehr kleine Butterflocken darauf verteilen und 15 Minuten im vorgeheizten Backofen auf der mittleren Schiebeleiste bei 220 °C backen.
Den aufgefangenen Saft in einem kleinen Pfännchen einkochen, bis ein Sirup entsteht. Die Törtchen aus dem Ofen nehmen, etwas abkühlen lassen, dann mit dem Sirup bestreichen. Lauwarm servieren.
Dazu paßt ein Gläschen *muscat.*

Pfirsichauflauf

Clafouti aux pêches

Dieses delikate Dessert lernte ich in Arles kennen. Je nach Saison werden dafür Pfirsiche, Cavaillon-Melonen, Aprikosen oder im Winter Äpfel oder Birnen verwendet. Lauwarm serviert, schmeckt es am besten.

Für eine Form von etwa 28 cm Durchmesser:
750 g Pfirsiche, 400 ml Milch, 1/2 Vanilleschote, 3 Eier, 100 g Zucker, 1 Prise Salz, 4 EL Mehl, 1 EL Pfirsich- oder Aprikosenlikör, Butter für die Form, Puderzucker zum Bestreuen

Pfirsiche kurz in kochendheißes Wasser tauchen, schälen, Steine entfernen und in Schnitze schneiden, dabei den austretenden Saft auffangen. Milch mit der aufgeschlitzten Vanilleschote aufkochen und beiseite stellen. Eier, Zucker und Salz zu einer sämigen Creme schlagen. Den aufgefangenen Pfirsichsaft zugeben. Mehl sieben und nach und nach daruntermischen. Die etwas abgekühlte Milch dazurühren, Vanilleschote entfernen. Likör beifügen und Teig eine Stunde ruhen lassen. Form sehr gut ausbuttern. Pfirsichschnitze hineingeben. Eiercreme daraufgießen, dabei darauf achten, daß die Früchte gleichmäßig verteilt sind. Auf der mittleren Schiene des vorgeheizten Backofens bei 200 °C 25–30 Minuten backen. Mit Puderzucker bestreuen. Lauwarm oder kalt servieren.

Die Hälfte des Mehls kann durch geschälte, geriebene Mandeln ersetzt werden. Das paßt vor allem zu Pfirsichen und Aprikosen.

Birnenkuchen

Tarte aux poires

Ein herrlicher Obstkuchen mit zartem Mandelguß. Wenn man im Vorfrühling in die Provence fährt, sieht man ganze Plantagen von blühenden Mandelbäumen, die zwischen den Zypressenhängen leuchten und die Landschaft verzaubern. Kein Wunder, daß Mandeln in vielen Gerichten und im Gebäck vorkommen. Auch die Zuckerbäcker der Provence wissen daraus Köstliches herzustellen. Für feines Gebäck sollte man immer geschälte Mandeln verwenden. Sollten die Birnen noch etwas hart sein, kann man sie am besten in Muskatellerwein vorgaren, der anschließend auf 1 1/2 Eßlöffel eingekocht zum Mandelguß gegeben wird. Mit einem Glas Muskatellerwein wird dieser Kuchen zu einem festlichen Dessert.

Für eine Form von 24 cm Durchmesser:
Für den Teig: *1 Ei, 70 g Zucker, 1 Prise Salz, 150 g Mehl, 50 g geschälte geriebene Mandeln, 90 g Butter.*
Für den Belag: *3 mittelgroße reife Birnen (am besten Williams), 2 EL Zitronensaft.*
Für den Guß: *1 Ei, 4 EL Zucker, 1 Prise Zimt, 1 1/2 EL Muskateller (etwa Muscat de Beaumes-en-Venise), 5 EL süße Sahne, 40 g geschälte geriebene Mandeln.*
Butter, weiße Bohnen zum Beschweren des Teigs.
Zum Bestreichen: *2–3 EL Quittengelee*

Für den Teig: Das Ei mit dem Zucker und dem Salz cremig rühren. Das Mehl mit den Mandeln mischen und zufügen. Die Butter in Flocken schneiden, darübergeben und alles rasch zu einem glatten Teig verarbeiten. 1 Stunde kühlstellen.

Für den Belag: Harte Birnen in etwas Muskateller garen. Reife, weiche Birnen halbieren, Stiele und das Kerngehäuse entfernen. Die Birnenhälften quer in Abständen von etwa 3 mm so einschneiden, daß sie unten noch zusammenhalten. Auf eine Platte legen und mit Zitronensaft beträufeln.

Für den Guß: Das Ei mit dem Zucker und dem Zimt cremig rühren. Muskateller, Sahne und Mandeln unterrühren. Das Kuchenblech mit Butter bestreichen. Den Teig etwa 3 mm dick ausrollen und die Form damit belegen oder den Teig hineindrücken. Mit einer Gabel mehrmals einstechen.

Das Pergamentpapier etwas größer als die Form zurechtschneiden, auf den Teig legen und mit weißen Bohnen beschweren, damit der Boden schön dünn bleibt. Im vorgeheizten Backofen bei 220 °C etwa 10 Minuten blind vorbacken. Danach das Pergamentpapier mit den Bohnen entfernen.

Die Birnenhälften mit der gewölbten Seite nach oben sternförmig auf dem vorgebackenen Teig anordnen. Den Guß zwischen die Birnenhälften verteilen. Im vorgeheizten Backofen bei 200 °C in 20–30 Minuten fertigbacken.

Das Quittengelee erwärmen, bis es flüssig ist. Die Birnen damit bestreichen, damit sie schön glänzen.

LE VAL DE LOIRE
CADET
CONTROLEE
BENOIST
(Maine-&-Loire)
e 70 cl

Warme Pfirsichtörtchen

Tartelettes chaudes aux pêches

Diese Törtchen habe ich vor vielen Jahren in einem Restaurant in Ste-Maxime gegessen. Ich habe sie nachher zu Hause mehrmals nachgebacken, bis sie endlich so gut waren wie in den Ferien.

Die *tartelettes* kann man vorbacken und unmittelbar vor dem Servieren 5 Minuten aufbacken. Oft lassen sich Pfirsiche nur sehr schlecht entsteinen. In diesem Fall die Scheiben um den Stein herum abschneiden. Für dieses Rezept können Sie auch Aprikosen, Nektarinen, Birnen oder Äpfel verwenden.

300 g Blätterteig, 1 Eiweiß, 2 reife Pfirsiche (weiß oder gelb) à 150 g.
Für den Guß: *1 Eigelb, 3 EL Zucker, 1 1/2 EL Milch, 3 EL geschälte, geriebene Mandeln, Zucker zum Bestreuen.*
Zum Bestreichen: *1 Eigelb, 2 EL Pfirsich- oder Aprikosenkonfitüre*

Blätterteig 3 mm dick ausrollen. 4 Rechtecke von etwa 8 × 10 cm ausrädeln. Ein großes Backblech kalt abspülen. Teigstücke darauflegen. Aus dem verbliebenen Teig 1 cm breite Streifen ausrädeln. Die Teigrechtecke am Rand mit verquirltem Eiweiß bestreichen. Die Teigstreifen als Rand aufsetzen. Pfirsiche kurz in heißes Wasser tauchen, schälen, entkernen und in dünne Scheibchen schneiden.

Für den Guß: Eigelb mit dem Zucker zu einer sämigen Creme schlagen, mit Milch und Mandeln mischen. Guß auf dem Teig verteilen. Pfirsichscheiben auf der Füllung anordnen. Mit Zucker bestreuen.

Zum Bestreichen: Teigrand mit verquirltem Eigelb bestreichen. Backofen auf 200 °C vorheizen und 15 Minuten backen. Konfitüre durch ein Sieb passieren und Pfirsiche damit bestreichen. Lauwarm servieren.

Zitronenkuchen mit Meringengarnitur

Croûte meringuée au citron

Diesen Kuchen habe ich in der Nähe von Aix-en-Provence kennengelernt.

Für ein Blech von 24 cm Durchmesser:
Für den Teig: *200 g Weißmehl, 100 g Butterflocken, 1 Prise Salz, 1 Ei, 50 g Zucker, 1 TL abgeriebene Zitronenschale.*
Für die Füllung: *3 Eigelb, 65 g weiche Butter, 100 g Zucker, 1 TL abgeriebene Zitronenschale, Saft von 2 1/2 Zitronen.*
Butter für das Blech, weiße Bohnen zum Beschweren des Teiges, 3 Eiweiß, 180 g Zucker

Für den Teig: Mehl sieben. Rasch mit Butterflocken und Salz zwischen den Fingern zu Krümeln reiben. Ei mit Zucker und Zitronenschale schaumig schlagen. Mit den Mehlkrümeln rasch zu einem Teig verkneten. 1 Stunde kühl ruhen lassen.

Für die Füllung: Eigelb mit Butter und Zukker schaumig rühren. Zitronenschale und Zitronensaft zufügen. Diese Mischung im Wasserbad schlagen, bis eine sämige Creme entsteht. Das Wasserbad sollte nicht kochen, 60–70 °C wären ideal. Erkalten lassen.

Kuchenblech mit Butter bestreichen. Teig 3 mm dick ausrollen und Blech damit auslegen. Teigboden mehrmals einstechen, mit Backtrennpapier belegen und mit weißen Bohnen beschweren. 30 Minuten im vorgeheizten Backofen bei 200 °C blind backen. Eiweiß mit Zucker steifschlagen. Bohnen und Backtrennpapier vom Kuchenboden entfernen. Creme einfüllen. Meringenmasse in einen Spritzbeutel mit gezackter Tülle einfüllen und Streifen auf den Kuchen spritzen. Bei Oberhitze im vorgeheizten Backofen bei 200 °C überbacken. Die Meringenmasse darf nur leicht Farbe annehmen.

Orangensorbet mit Muskateller und Orangensalat

Sorbet à l'orange au muscat et salade d'orange

In verschiedenen Weingebieten der Provence gibt es herrlichen süßen Wein aus Muskattrauben. Damit kann man Eis verfeinern oder Fruchtsalat bereichern.

Für das Sorbet: *500 g Orangen, 6 Zuckerwürfel, 4 EL Muskatellerwein (Beaumes-en-Venise, Frontignan, Mirval, Rivesaltes), 60 g Puderzucker.*
Für den Orangensalat: *500 g Orangen, 3 EL Zucker, 1/2 TL abgeriebene Orangenschale, Saft von 1 Orange, 1/2 Liter Muskateller, 4 Pfefferminzblätter*

Für das Sorbet: Orangen mit heißem Wasser gut waschen und abtrocknen. Zuckerstücke daran abreiben, bis sie gelb verfärbt sind. Wein in eine kleine Schüssel geben und Zukker darin auflösen. Die Orangen halbieren und auspressen. Orangensaft, Muskateller, aufgelöste Zuckerstücke und Puderzucker mit dem Schneebesen gut mischen. Gefrieren lassen, nach 1 Stunde nochmals durchrühren. Unmittelbar vor dem Servieren davon Kugeln abstechen.
Für den Orangensalat: Orangen schälen, dabei die weißen Häutchen sehr sorgfältig entfernen. In Scheiben schneiden und in eine Glasschüssel geben. Mit Zucker, Orangenschale, Orangensaft und Muskateller mischen. Mindestens 1–2 Stunden im Kühlschrank ziehen lassen. Den Salat auf Teller anrichten und eine Kugel Sorbet daraufsetzen. Mit einem Pfefferminzblatt garnieren. Besonders hübsch läßt sich der Salat mit dem Eis in den gesäuberten Orangenschalenhälften anrichten.

GRAND

Schaumomelett mit Pastis

Omelette soufflée au pastis

Dieses Omelett läßt sich auch in einer großen Bratpfanne zubereiten. In diesem Fall nur die Hälfte der Zutaten für zwei Personen auf einmal backen.
Zum Flambieren kann man den Likör in einen Schöpflöffel geben, über einer Kerzenflamme erwärmen, entzünden und brennend über das Omelett gießen. Es ist wichtig, daß die Eicreme erst unmittelbar vor dem Backen mit dem Eischnee gemischt wird. Lieber die Gäste warten lassen als das Omelett zu früh in den Ofen schieben.

5 frische Eier, 1/2 TL Vanille-Extrakt, 100 g Zucker, 1 Prise Salz, 1 EL Butter für die Form, 2 EL Pastis oder Pernod, 2 EL Puderzucker

Eigelb und Eiweiß sorgfältig trennen. Eigelb mit Vanille-Extrakt und Zucker zu einer weißlichen Creme schlagen. Eiweiß mit dem Salz steifschlagen. Eine ovale, flache Gratinform mit Butter ausstreichen. Eigelbcreme und Eischnee locker mischen. 1 Eßlöffel Pastis oder Pernod darunterziehen. Die luftige Masse bergartig in die Form verteilen. Mit dem Teigspatel längs einen Schnitt anbringen. Puderzucker durch ein Sieb auf das Omelett verteilen. In dem vorgeheizten Backofen bei 180 °C 15 Minuten in der Mitte des Backofens backen. Es darf leicht Farbe annehmen.
Am Tisch mit dem restlichen heißgemachten Pastis oder Pernod begießen und anzünden.

ANISÉ
45%
PARIS
PASTIS"

Bowle mit Wassermelone

Pastèque à la provençale

Wer auf das Servieren in der Melone verzichten möchte, verteilt die Melonenstücke und den Wein in weite Weingläser oder in Bowlenschalen. Man kann anstelle des Weißweines auch *muscat* (Muskatellerwein) wie etwa Beaumes de Venise oder Frontignan verwenden; beim Muskateller läßt man den Zucker weg. Auch Cavaillon-Melonen oder Honigmelonen lassen sich auf diese Art marinieren.

Für 6 Personen:
1 Wassermelone, 1/2–1 Liter Weißwein oder Rosé (Côtes de Provence wie etwa ein Tavel, Châteauneuf-du-Pape oder ein Côtes du Rhône, beispielsweise ein Gigondas), 2–3 EL Zucker, 2 EL Zitronensaft

Die Wassermelone und den Wein 1 Stunde kühlstellen. Von der Wassermelone einen kreisrunden Deckel und den Stielansatz ausschneiden. Mit einem schmalen Messer ein Loch ins Innere bohren. Durch Schütteln reife Kerne lösen und die Melone so drehen, daß eine Anzahl Kerne herausfällt. Etwas Fleisch herausschneiden und die Melone am unteren Ende etwas flachschneiden.

Den Wein mit dem Zucker und dem Zitronensaft mischen. Damit die Melone füllen. Die Menge des Weines hängt von der Größe der Melone und der Menge des entfernten Melonenfleisches ab. Die Melone mit aufgesetztem Deckel kaltstellen. Den Wein aus der Melone gießen, das Fruchtfleich herausnehmen und die Kerne entfernen. Das Melonenfleisch in kleine Würfel schneiden und mit dem Wein wieder einfüllen. In der Melone servieren und in Gläser schöpfen. Darauf achten, daß jeder Gast auch Melonenstückchen bekommt.

Die Rezepte nach Gruppen

Soweit in den Rezepten nicht anders angegeben,
sind die Zutaten für vier Personen berechnet.

Salate und Vorspeisen

Suppen und Eintöpfe

Nudelgerichte und pikante Kuchen

Gemüsegerichte

Fisch und Meeresfrüchte

Wild und Geflügel

Fleischgerichte

Saucen, Pasten und Öle

Kuchen und Desserts

Konfitüren

Käse

Getränk

Die Rezepte alphabetisch

Bildquellen

Bavaria: 2 (Marka); 19 (Harald Theißen)
Bilderberg: 5, 12 o., 13, 30, 37 u. (Eberhard Grames); 24/25 (Ellerbrock & Schafft); 50 (Klaus Bossemeyer)
Focus: 9 o., 22 o. (H. W. Silvester); 12 u. (Dennis Stock/Magnum); 36 u. (Leonard Freed); 37 o. (B. Barbey/Magnum); 38 (Frank Fournier/Contact Press Image)
IFA-Bilderteam: 7 (Teufelhart); 33 (Diaf); 36 o. (Rölle)
Hans Laux: 17 alle
Sirius-Bildarchiv: 21, 28/29, 41, 45, 49 und 54–200 (Hans Joachim Döbbelin); 24 l.o. (Günther Schmidt)
ZEFA: 9 u. (K. Kerth); 11 (Marche); 15 (Rossenbach); 34 (W. Maehl)

Reproduktion: PHG Lithos, Martinsried
Satz: Setzerei Lihs, Ludwigsburg
Druck: W. Kohlhammer, Stuttgart
Papier: 135 g/m² BVS der Papierfabrik Scheufelen, Lenningen
Bindearbeiten: Sigloch Buchbinderei, Künzelsau
ISBN 3-89393-053-1